38128

CODE PÉNAL

DE LA

MARINE ANGLAISE,

TRADUIT DE L'ANGLAIS

ET PUBLIÉ AVEC DES ADDITIONS ET DES NOTES,

Par G. LAIGNEL,

Ancien Capitaine de vaisseau dans la marine française, **Officier** de la Légion-d'Honneur.

La discipline est l'ame et fait la
force des armées.

PRIX : 2 F.

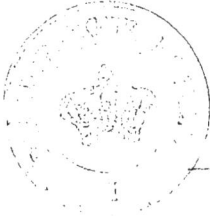

PARIS,

ANSELIN (Succr de MAGIMEL), LIBRAIRE,

GAULTIER-LAGUIONIE, IMPRIMEUR-LIBRAIRE,
Rue et Passage Dauphine, 36.

—

1837.

Imprimerie de GAULTIER-LAGUIONIE, et C·.
rue Christine , 2.

Aux

Très honorables Membres

COMPOSANT LES DEUX CHAMBRES

DU CORPS LÉGISLATIF.

MESSIEURS LES PAIRS DE FRANCE, ET MESSIEURS LES DÉPUTÉS DES DÉPARTEMENTS,

Depuis plus de douze ans, un certain nombre de jeunes Français appelés au service militaire, en vertu de la loi annuellement adoptée pour le recrutement de l'armée, sont destinés aux équipages entretenus de l'armée navale.

Cette destination, soit qu'on la considère sous le rapport de la différence qui existe entre le service de l'armée de mer et celui de l'armée de terre; soit qu'on l'examine sous le rapport de l'avancement dont l'une et l'autre de ces armées présentent la perspective, ou plutôt la possibilité, aux jeunes Français qui leur sont destinés; cette destination, dis-je, est-elle compatible avec les articles 1ᵉʳ et 3ᵉ de la Charte constitutionnelle du royaume, ou plutôt n'en est-elle pas une violation incontestablement formelle ?

Ce n'est pas, Messieurs, sur cette considération, quelque grave et quelque importante qu'elle soit, que je viens appeler aujourd'hui votre attention; mais c'est sur le POINT CAPITAL, POUR L'EXISTENCE de l'armée à laquelle ces jeunes Français sont envoyés, que je me permets de la solliciter.

C'est-à-dire, Messieurs, que je la réclame pour le Code pénal dont cette armée éprouve un besoin d'autant plus urgent qu'il est incontestable que celui auquel elle est encore soumise ne peut pas être maintenu plus long-temps, non-seulement parce que l'expérience continuelle qu'on en fait prouve, au-delà de toute évidence, qu'il ne remplit point sa destination, et qu'il est incompatible avec les idées ainsi qu'avec les mœurs du siècle actuel; mais surtout parce qu'il est une aggravation manifeste de cette violation de la Charte que je viens d'indiquer.

Sans doute, la rédaction d'un pareil Code entraîne de très grandes difficultés, et c'est probablement la raison pour laquelle jusqu'à ce jour, le ministère de la marine s'est abstenu d'en proposer l'adoption d'un nouveau; mais cependant les événements qui depuis quelque temps ont eu lieu à bord des bâtiments de guerre armés, et dont retentissent sans cesse les journaux quotidiennement publiés, me semblent ne pas pouvoir permettre que cette proposition soit plus long-temps différée, sans que la discipline de l'armée qui réclame ce Code n'en soit irréparablement compromise!

C'est donc, Messieurs, parce que j'ai intimement cette conviction, qui sans aucun doute est partagée non-seulement par toute la marine française, mais doit l'être aussi fortement par les illustres Amiraux qui dans le cours de ces six dernières années ont été appelés à diriger le département de la marine; c'est, dis je, parce que j'ai cette intime conviction, que je me suis déterminé à publier le Code pénal de la marine anglaise, après l'avoir traduit en français, et que je me permets, Messieurs, de vous adresser spécialement cette traduction.

Ce Code existe depuis près de cent ans. Pendant ce long espace de temps, il n'a subi de modifications que dans deux de ses articles; et on ne peut nier qu'une grande partie des succès aussi

brillants que continuels qui ont été obtenus par la marine anglaise, pendant tout ce temps, ne doive être en grande partie attribuée qu'à la discipline établie et maintenue par ce Code.

Toutefois, Messieurs, loin de moi, et surtout loin de vous l'idée que ce Code anglais pourrait être adopté à l'égard de la marine française, et encore moins qu'il pourrait servir de modèle dans la rédaction de celui que cette marine doit recevoir.

En le publiant, je suis très éloigné de le croire, et je le suis encore plus d'en avoir le but. Je n'ai que celui de vous le faire connaître, Messieurs, et de lui attirer votre attention, parce que je ne crains pas de prétendre qu'étant sérieusement étudié ainsi que profondément médité, il offre, pour la rédaction de celui qui doit être donné à la marine française, non-seulement les bases principales sur lesquelles celui-ci doit être fondé, mais encore les arguments au moyen desquels ces bases doivent être soutenues.

L'étude que j'en ai faite, avec l'attention que j'y ai donnée depuis, ainsi que pendant un assez grand nombre d'années, m'en a convaincu, Messieurs, et j'ose me flatter que j'en donnerai des preuves incontestables, lorsqu'après que le ministère de la marine vous aura soumis celui dont il a le projet de vous proposer l'adoption, je publierai celui que j'ai moi-même rédigé d'après cette étude.

Il m'eût été sans doute satisfaisant, Messieurs, de soumettre mon travail à ce ministère, et certainement je l'eusse fait avec un bien vif empressement; mais la distance à laquelle je n'ai point cessé d'en être tenu depuis bien des années a été pour moi un motif aussi suffisant que légitime de ne l'avoir pas fait.

Le temps fera connaître si pour coopérer à la rédaction d'un pareil Code, il n'était pas aussi convenable d'appeler un officier dont j'ai l'amour-propre de prétendre que l'expérience à cet égard pouvait lui en donner quelques droits, que d'y appeler des personnes qui, sans aucun doute, possèdent un style beaucoup plus brillant, et sont aussi beaucoup plus logiciennes; mais dont on peut cependant douter en cette circonstance, surtout si on en rapproche la rédaction du Code pénal anglais,

que le style élégant et la brillante logique ayent pu être préférables à une longue expérience du service dans l'armée navale (*).

Je suis avec le respect le plus profond,

Messieurs les Pairs de France et Messieurs les députés des départements,

Votre très humble et très obéissant serviteur,

G. LAIGNEL,

Ancien capitaine de vaisseau, officier de la légion d'honneur, etc.

(*) Il est à remarquer que parmi les membres qui composent *la section de marine* dans le Conseil d'Etat, on en peut citer plusieurs qui certainement sont des écrivains très distingués, mais qui non-seulement n'ont jamais navigué, *et même* n'ont peut-être jamais vu de vaisseau de guerre armé !!!.

NOTA.

Depuis que l'introduction qui va suivre a été imprimée j'ai appris que si jusqu'à ce jour le ministère de la marine n'avait pas encore soumis au corps législatif son projet de Code pénal pour la marine française, c'était parce qu'il avait jugé convenable d'attendre que celui qui est destiné à l'armée de terre fût adopté : comme cela avait eu lieu pour les lois relatives aux pensions, aux avancements, et au sort des officiers dans ces deux armées.

Sans doute cette raison est très spécieuse ; mais cependant comme on ne peut pas se dissimuler que l'armée navale réclame avec bien plus d'urgence que l'armée de terre un nouveau Code pénal, puisque celui qui existe maintenant dans la première de ces deux armées entraîne *incontestablement* une violation de la Charte constitutionnelle du royaume envers les jeunes français que la loi annuellement passée pour le recrutement de l'armée envoie aux équipages entretenus de l'armée navale, il me semble que le motif raisonnable que le ministère de la marine a pu avoir jusqu'à ce jour de s'abstenir de proposer son nouveau Code pénal ne peut pas exister plus long-temps, et que par conséquent il ne peut pas se dispenser de le soumettre au corps législatif dans la session qui vient de s'ouvrir.

Ce qui ne peut pas manquer de donner quelque importance non-seulement à la traduction qui suit du Code pénal de la marine anglaise ; mais surtout à la publicité, dont je la fais suivre, *des bases principales d'un projet que j'ai rédigé pour un Code pénal destiné à la marine militaire de la France.*

G. LAIGNEL.

ERRATA.

Page 16 ligne 13 de l'article français après le mot « se conduira » LISEZ « malhonnêtement et insolemment. »

Page 26 , dans l'article 24 on a omis d'indiquer la note 13 qui se trouve à la page 51 ; on a annoncé cette omission.

Page 50 dans la 4e note de la première partie, au lieu de page 41, LISEZ pages 40 et 41.

Page 52 , on a omis l'indication de la note 3.

Page 54, la note 14 a été par erreur numérotée note 15, et dans cette même note au lieu de page 14, LISEZ « la note 11 ci dessus. »

INTRODUCTION.

Quand on considère que les punitions le plus fréquemment infligées dans la marine française, d'après le Code pénal qui y est encore observé, sont :

1° *Les fers aux pieds* sur le pont pendant un ou plusieurs jours, avec continuation pendant la nuit !

2° *Les coups de corde* donnés sur le gaillard d'avant par un quartier maître !!

3° *La bouline*, c'est-à-dire les coups de garcette plus ou moins nombreux appliqués par un nombre déterminé de matelots rangés sur deux haies, au milieu desquels *passe* et REPASSE AU PAS le condamné, que chacun de ces matelots EST OBLIGÉ de frapper !!!

4° *La cale* qui est donnée, en laissant tomber perpendiculairement dans la mer où il entre par les pieds à une ou plusieurs reprises, suivant que le jugement le prescrit, celui qui est condamné à la subir, et que chaque fois on élève jusqu'à l'extrémité de la grande vergue, où une fois rendu, on l'abandonne à son propre poids, qui le fait souvent enfoncer dans l'eau jusqu'à 14 ou 15 pieds !!!

Lorsqu'il est incontestable qu'aucune de ces punitions ne peut avoir de moyen quelconque de comparaison avec celles qui dans l'armée de terre sont infligées pour les délits semblables à ceux qui les entraînent dans l'armée de mer !!

Lorsque, par cette dernière raison, on ne peut pas méconnaître que ces punitions *elles seules* suffiraient pour donner, *en vertu de la charte constitutionnelle du royaume*, aux jeunes gens qu'on envoie à l'armée de mer, LE DROIT DE SE REFUSER A RECEVOIR CETTE DESTINATION !!! (*)

Lorsque, dis-je, on donne quelque attention à ce qui précède, il paraît certainement impossible que cette armée reste encore long-temps sans qu'on lui donne une Code pénal *approprié à la destination* qui, depuis plus de douze ans, lui est faite chaque année d'un grand nombre de jeunes soldats appelés au service militaire *en vertu de la loi dite du recrutement*; et par conséquent on ne doit point douter qu'à l'ouverture de la prochaine session du corps législatif le ministère de la marine ne présente le projet de ce Code, *qui avait été préparé il y a sept ou huit ans* par l'amirauté, lorsque M. le baron Hyde de Neuville était président de ce conseil, en sa qualité alors de ministre de ce département.

(*) CE DROIT CONSTITUTIONNEL sera encore bien plus fortement établi dans un petit écrit qui paraîtra incessamment avec le titre « DU SERVICE DE L'ARMÉE DE MER COMPARÉ A CELUI DE L'ARMÉE DE TERRE » sous le rapport de la destination faite à la première de ces armées, d'un certain nombre de jeunes soldats qui, chaque année, sont enlevés à leurs familles en vertu de la loi annuelle du recrutement.

I

Comment a-t on pu laisser s'écouler un aussi grand nombre d'années sans donner à la marine un Code dont le besoin *était si sensible* ET SI CONSTAMMENT SENTI? c'est ce qui sans doute, quand on réfléchit sur les punitions que celui encore existant prononce, paraît d'autant plus inconcevable que depuis environ six ans le département de la marine est confié A DES AMIRAUX, dont il serait aussi impossible de méconnaître le dévouement à l'armée navale, qu'il le serait de leur refuser les talents nécessaires pour bien commander cette armée !!! Pourquoi surtout le projet de ce Code, tel qu'il avait été arrêté, il y a si long-temps par l'amirauté, n'est-il pas, *une seule fois*, sorti des cartons de ce conseil, pour que l'opinion publique, ou au moins celle des marins, ait pu être consultée avant qu'il soit soumis à la délibération du corps législatif, et pour qu'on puisse être convaincu qu'on ne s'y est aucunement écarté des principes sur lesquels un pareil Code doit être établi, et qui sont :

Premièrement *les droits de l'humanité* qui ne doivent jamais être méconnus dans une pareille institution, et qui doivent d'autant moins l'être dans celle-ci, qu'elle concerne des individus DEUX FOIS HOMMES, pour répéter les expressions dont le très honorable M. Hyde de Neuville s'est servi à leur égard à la tribune de la chambre des députés !!

Secondement, LES LOIS DE LA JUSTICE, qui d'abord ne permet pas d'avoir de préférence pour personne, et qui, dans cette circonstance, doit plus que jamais servir de guide, puisqu'il y est question non seulement de protéger le faible contre le fort; de soustraire l'inférieur au caprice, à l'arbitraire, et quelquefois même à la passion de son supérieur : *mais surtout de proportionner les peines aux délits*, ainsi qu'aux crimes DONT LA GRAVITÉ DÉPEND SOUVENT PLUS OU MOINS DES CIRCONSTANCES, PARTICULIEREMENT A BORD DES BATIMENTS DE GUERRE SUR MER !

Et troisièmement enfin, LES NÉCESSITÉS D'UNE DISCIPLINE sans laquelle tout être qui raisonne ne peut pas manquer de sentir ainsi que de reconnaître qu'une armée quelconque, et surtout une armée de mer, ne peut exister; mais dont il ne faut pas se dissimuler que les éléments ne peuvent être *connus*, JUGÉS et DÉTERMINÉS que par ceux dont la vie, et ce qui leur est plus précieux que la vie puisque c'est leur honneur, dépend à chaque instant de l'existence ou de la non existence de cette discipline.

Tels sont *les premiers principes* d'après lesquels un Code pénal maritime doit être rédigé; et sans doute il peut suffire de savoir que celui qui est destiné à la marine française aura été préparé *sous le ministère de M. Hyde de Neuville*, et aura été définitivement arrêté SOUS LE MINISTÈRE DE L'ILLUSTRE AMIRAL qui est aujourd'hui chargé de ce département, pour qu'on ne doive pas douter qu'ils en auront été les bases fondamentales; mais cependant quelque respect qui soit dû à ces deux ministres, et quelque confiance qu'à cet égard ils soient faits pour inspirer, je ne crois point m'écarter de ce respect, ni manquer de cette confiance, en prétendant qu'il serait utile à la prospérité de la marine française que le projet de ce Code passât *par le creuzet de la presse* avant d'être

soumis au corps législatif (*) : ne fût-ce que pour donner les moyens d'en faire la comparaison avec celui qui existe dans la marine anglaise; qui gouverne cette marine depuis près de cent ans sans qu'il y ait été fait de changements; auquel on ne peut pas se dissimuler que cette marine est redevable d'une discipline dont les effets ont été des succès aussi éclatants qu'ils ont été nombreux ainsi que continuels; et qui enfin, sous ce rapport surtout, ne pourrait jamais être trop connu en France.

Or, c'est cette dernière considération qui m'a déterminé à publier aujourd'hui ce Code, que d'après les recherches multipliées que j'en ai faites dans les bibliothèques du gouvernement et chez les principaux libraires de la capitale, je n'ai encore jamais pu trouver TRADUIT EN FRANCAIS !!

Il est vrai qu'un assez grand nombre d'ouvrages publiés dans cette dernière langue, donnent des analyses ou des extraits de ce Code, plus ou moins étendus, et plus ou moins exacts (**); mais toujours est-il que DANS AUCUN OUVRAGE FRANÇAIS on ne trouvait CE CODE TOUT ENTIER : de sorte que les personnes qui peuvent être appelées, soit dans le Conseil d'Etat, soit dans l'une ou dans l'autre chambre du corps législatif, à rédiger le Code pénal dont la marine française éprouve aujourd'hui un besoin si urgent, si elles ne savent pas la langue anglaise, ne peuvent connaître que très imparfaitement celui auquel on ne peut pas se refuser à convenir que l'Angleterre est redevable de la plus grande partie des succès brillants que sa marine a obtenus depuis si long-temps, mais dont cependant il ne faudrait pas croire que l'adoption, impossible sous beaucoup de rapports, qu'on voudrait en faire en France, *purement et simplement*, pourrait avoir les mêmes effets pour la marine française.

(*) N'est-il pas certain que si l'examen et la discussion de ce code pouvaient avoir lieu, hors des chambres, dans l'intervalle des sessions, au moyen des nombreux journaux qui sont publiés tous les jours, les législateurs, auxquels il sera soumis pour qu'ils l'adoptent, seraient beaucoup plus éclairés sur ses avantages ou sur ses imperfections qu'ils ne peuvent l'être dans une commission composée de neuf membres, dont il y a à parier que le plus grand nombre sera choisi parmi des législateurs au moins étrangers AUX NECESSITÉS DE LA DISCIPLINE SUR MER, pour ne rien dire de plus?

(**) Je me crois d'autant plus fondé dans cette assertion, que j'ai sous les yeux deux ouvrages anglais *qui traitent spécialement des cours martiales navales de l'Angleterre* (l'un par M. De la Fons en un volume, et l'autre par M. M'arthur en deux volumes), dans lesquels ce Code pénal n'est pas publié exactement de la même manière.

Non seulement, ainsi qu'on le verra ci-après, l'analyse et le titre des articles n'y sont pas présentés par les mêmes expressions; mais de plus, il y a des articles dans lesquels l'un de ces ouvrages donne des membres de phrase et quelquefois même des prescriptions qui ne se trouvent point dans les mêmes articles de l'autre ouvrage.

Pour la traduction que je présente ici, j'ai pris *dans M. M'arthur*, l'analyse et le titre des articles, parce qu'ils se prêtaient mieux à une traduction littérale en français; et j'ai pris *dans M. De la Fons*, les articles eux-mêmes, parce que c'est dans son ouvrage qu'ils sont le plus étendus, et par conséquent le plus complets; ainsi que j'en ai eu la preuve par deux autres ouvrages anglais, dans lesquels ce code se trouve inséré parmi un grand nombre d'autres matières avec lesquelles il n'a de rapport que très indistinctement.

Dans le journal officiel du ministère de la marine, on a publié au mois de mars dernier ce Code; la traduction qui en est faite, et qu'on y trouve, avait été remise par moi l'année dernière à M. l'amiral Duperré, qui, sur la demande que je lui en avais présentée, avait eu la bonté de me la faire payer pour me donner momentanément un secours, dont j'avais le plus pressant besoin; mais lorsque je l'avais remise, il n'avait pas été question que dans ce ministère *on la publierait avec l'approbation de ce ministre* DANS L'ÉTAT OU JE LA REMETTAIS.

Il y a même plus : c'est que j'avais demandé que, si on s'y déterminait, on voulût bien m'en prévenir, parce que je n'avais point laissé ignorer que la traduction que je livrais non seulement aurait besoin, pour recevoir la publicité par la voie de l'impression, d'être revue et, quelquefois même, corrigée, particulièrement dans la forme, ainsi qu'on peut le remarquer en comparant celle que je présente aujourd'hui avec celle qui a été donnée dans les Annales maritimes et coloniales : *mais surtout parce qu'il me semblait que cette traduction ne pouvait que gagner à être accompagnée d'un petit nombre d'observations que j'avais préparées pour cette circonstance,* MAIS QUE JE N'AVAIS PAS CONSIDÉRÉES COMME DEVANT FAIRE PARTIE DU TRAVAIL QUI M'ÉTAIT PAYÉ.

Cette demande, que j'avais faite pour ces raisons, ainsi que pour quelques autres que ce n'est pas ici l'occasion de faire connaître, n'a point été accueillie. On a publié, pendant que j'avais été momentanément absent de la capitale, cette traduction, telle que je l'avais remise il y a environ un an, c'est-à-dire sans qu'elle soit accompagnée d'aucune des observations qui seront présentées ici. Or, c'est ce motif qui m'a déterminé à en faire, *pour mon compte particulier,* une édition dont je ne crois pas qu'on puisse me contester le droit.

D'abord, parce qu'au nombre des jugements publiés par les Annales maritimes il y en a un qui ne se trouve point dans mon manuscrit, et que je serais très fâché qu'on pût supposer s'y trouver, ainsi qu'on le verra par quelques observations dont il a été pour moi un motif et une occasion.

Secondement, parce que cette édition faite pour mon compte particulier non seulement la met *à la disposition générale du public,* auquel celle faite dans les annales maritimes ne peut pas être livrée, puisqu'elle a été imprimée à l'imprimerie royale; mais encore parce qu'étant une brochure particulière, son acquisition est moins coûteuse que ne peut l'être celle des Annales, attendu qu'il faudrait alors prendre l'année entière de ce journal dans laquelle se trouve le cahier qui la contient.

Et troisièmement, ce qui m'y a le plus déterminé, c'est que cette publication, telle qu'elle est faite dans le journal officiel du ministère de la marine, y est précédée de plusieurs observations, dont quelques-unes peuvent être très judicieuses, mais dont quelques autres *manquent au moins d'exactitude,* FAUTE D'ÊTRE ASSEZ DÉVELOPPÉES.

Le Code pénal de la marine anglaise a besoin d'être long-temps étudié et profondément médité pour qu'il puisse être de quelque utilité dans la rédaction du semblable Code destiné à la marine française. Si on veut en tirer parti pour cette rédaction, il est nécessaire de prendre

une connaissance approfondie des formalités qu'il prescrit. Il est encore plus nécessaire d'être pénétré des devoirs que ce Code impose aux juges qu'il donne aux accusés (*), et enfin il est indispensable de bien connaître non seulement les droits qui sont acquis aux individus poursuivis en vertu de ce Code, mais encore *jusqu'à quel point scrupuleux* ces droits sont respectés en Angleterre (**).

Les personnes qui dans le ministère de la marine ont été chargées de rédiger le projet du Code pénal destiné à la marine française, ont-elles rempli toutes ces conditions, ou plutôt ne doit-on pas craindre qu'elles ne les aient pas remplies? A cette double question, je me contenterai de répondre que j'ai acquis la certitude que depuis que ce projet est en élaboration dans le conseil d'amirauté, il s'est trouvé plus d'une fois dans ce conseil des membres qui ne savent pas la langue anglaise! d'où il suit que je n'hésite pas à déclarer que non seulement j'ai cette crainte, mais encore que je crois cette crainte très fondée, lorsque je songe à l'étude toute particulière, et je crois pouvoir dire à l'examen profond que pendant de longues années j'ai faits de ce Code dans les deux ouvrages de MM. de Lafons et M'arthur, mais plus particulièrement dans ce dernier, comparé à l'occasion avec le premier, en faisant de tous les deux une traduction que pendant long-temps je m'étais flatté de l'espoir qu'elle pourrait être un jour d'une utilité, à l'égard de laquelle mes espérances ont été déçues jusqu'à ce jour (***).

Cependant, si, comme je croirais devoir m'y attendre, j'étais un peu encouragé par le gouvernement, c'est-à-dire par les ministères *de la justice*, DE LA GUERRE et DE LA MARINE, qui tous les trois peuvent y trouver de précieux renseignements, relativement à la part que chacun d'eux peut prendre dans la rédaction d'un Code pénal pour les armées tant de terre que de mer; si dis-je, j'étais un peu encouragé par le gouvernement dans la publication que je livre aujourd'hui au public; et si ensuite elle est un peu accueillie par la marine française, comme il me semble qu'elle devrait l'être de la part d'un corps aussi respectable, je pourrais m'occuper de publier la traduction de l'ouvrage de M. M'arthur.

Elle est entièrement terminée : elle n'a plus besoin que d'être revue, c'est-à-dire de subir dans sa rédaction définitive quelques corrections, qui seraient promptement faites dès que le gouvernement, auquel il me semble qu'il appartient de le faire, m'aurait donné les premiers moyens de me livrer à cette entreprise.

(*) D'après les lois anglaises, le juge est le défenseur né des droits de l'accusé (*it is a noble declaration of the law, that the judge shall be counsel for the defendant*); M'arthur tome 2, page 42.

(**) D'après les mêmes lois, la justice et l'humanité donnent à tout accusé le droit de refuser de répondre à toute question qui peut conduire à le rendre criminel (*the law very justly and humanely protect a person accused from answering any question that may tend to criminate himself.* M'arthur tom 2, page 102).

(***) Cette traduction était destinée à faire partie du journal que j'avais entrepris de publier dans l'intérêt de la marine en 1818, sous le titre d'*Archives navales*, ou recueil contenant des pièces intéressantes concernant les deux marines de France et d'Angleterre.

AVERTISSEMENT

RELATIF A LA TRADUCTION QUI SUIT.

On présente ici le texte anglais en regard de la traduction française pour les raisons suivantes :

D'abord, parce qu'il est souvent arrivé que par un effet de l'idiôme de la langue anglaise, la traduction d'un grand nombre d'articles du Code pénal anglais n'aurait pas pu être faite en français sans avoir eu recours à des périphrases, qu'il a paru d'autant plus convenable d'éviter que, quelquefois, non seulement elles auraient été très longues, mais encore elles n'auraient pas entièrement rendu le sens du texte : au lieu qu'en présentant, comme on le fait ici, ce texte même en regard de la traduction, il a paru qu'on obviait, pour la plupart du temps, à ce que cet inconvénient *pouvait avoir de plus grave.*

Secondement, parce qu'en ayant sous les yeux le texte et la traduction, il sera plus facile de juger jusqu'à quel point celle-ci aura été fidèle dans certains passages où il a fallu *absolument* répéter *les mêmes expressions.*

Troisièmement, parce que dans la comparaison que les personnes qui savent la langue anglaise pourront faire du texte avec la traduction, on ne pourra pas manquer de découvrir comment en Angleterre les lois *sont rédigées*, et surtout jusqu'à quel point leur rédaction est SOUVENT AMPHIBILOGIQUE, et peut-être pourrait-on dire QUELQUEFOIS PRESQUE ININTELLIGIBLE, non seulement *sous le rapport des expressions dont il y est fait usage*, mais principalement sous CELUI DES PRESCRIPTIONS QUI Y SONT IMPOSÉES, puisque souvent on trouve compris dans le même article deux et quelquefois trois crimes ou délits qui, bien certainement, devraient être *chacun* l'objet d'un article séparé.

CODE PÉNAL

DE LA

MARINE ANGLAISE.

An Act, passed in the 22d year of the reign of George the Second, intituled :

Loi passée dans la 22ᵉ année du règne de Georges II (1749) intitulée :

An act for amending, explaining, and reducing into One Act of Parliament, the Laws relating to the Government of His Majesty's Ships, Vessels and Forces by Sea.

Loi pour Améliorer, développer et réunir en une seule loi, les lois relatives à la discipline qui doit être observée à bord des vaisseaux, des bâtiments de guerre et des forces navales de S. M.

ALSO,

DE PLUS,

An ACT made in 19 Geo. III. to explain and amend the said Act.

Loi passée dans la 19ᵉ année du règne de Georges III (1779), pour expliquer et améliorer ladite loi.

Anno vicesimo secundo Georgii II Regis.

22ᵉ année du règne de Georges II.

An Act for amending, explaining, and reducing into one Act of Parliament, the Laws relating to the Government of His Majesty's Ships, Vessels, and Forces by Sea.

Loi pour améliorer, développer et réunir en une seule loi, les lois relatives à la discipline qui doit être observée à bord des vaisseaux, des bâtiments de guerre, et des forces navales de S. M.

Preamble or Section 1.

Préambule ou Section 1ʳᵉ (1).

Whereas the several laws relating to the Sea Service, made at different times, and on different occasions, have been found by experience not to be so full, so clear, so expedient, or so consistent with each other, as they ought to be; for amending and explaining the said laws, and for reducing them into one uniform Act of Parliament, be it enacted by the King's most excellent majesty, by and with the advice and consent of the Lords spiritual and temporal, and Commons, in this present Parliament assembled, and by the authority of the same, that, from and after the

Attendu que l'expérience a fait reconnaître que les diverses lois qui concernent le service de la marine, faites à diverses époques et en diverses circonstances, ne sont point aussi étendues, aussi claires, aussi expéditives, ni aussi d'accord les unes avec les autres qu'elles devraient l'être : pour modifier et développer lesdites lois, ainsi que pour les réunir en un seul et même acte du parlement *(une seule loi)*,

Il est ordonné par sa très gracieuse Majesté le roi, sur et avec l'avis, ainsi que le consentement des Lords spirituels et temporels et des Communes, dont la ré-

twenty-fifth day of december, one thousand seven hundred and forty-nine, an act passed in the thirteenth year of the reign of King Charles the Second, intituled,

union a lieu dans le parlement actuel, et en vertu de cette même autorité, qu'à dater du 25 décembre 1749 inclusivement, et pour l'avenir, la loi rendue dans la treizième année du règne du roi Charles II, intitulée : « *Loi*, etc. »

NOTA. Ici suit la citation littéra'e : 1° du texte de cette loi passée sous Charles II; 2° d'une partie de celle passée dans la vingt-sixième année du règne de Guillaume et Marie; 3° d'une partie de celles passées dans la sixième et dans la huitième années du règne de Georges Ier; 4° enfin d'une partie de celles passées dans la dix-huitième, et dans la vingt-et-unième années du règne de Georges II. Or comme ces lois se trouvent pour toujours annulées dans ce préambule, il a paru inutile de les donner ici textuellement ainsi que tout au long comme elles s'y trouvent répétées, en précédant immédiatement la section seconde à laquelle en conséquence on se porte de suite.

SECTION II.

DEUXIEME SECTION.

Commencement of the articles.

Commencement des articles du Code pénal.

And, for the regulating and better government of His Majesty's Navies, ships of war, and forces by sea, whereon, under the good providence of God, the wealth, safety, and strength of the Kingdom chiefly depend; be it enacted by the King's most excelent Majesty, by and with the advice and consent of the Lords spiritual and temporal, and Commons, in this present Parliament assembled, and by the authority of the same, that, from and after the twenty-fifth day of december one thousand seven hundred and forty-nine, the articles and orders hereinafter following, as well in time of peace as in time of war shall be duly observed and put in execution, in manner hereinafter mentioned.

Et pour régulariser, ainsi que pour mieux gouverner les flottes, les vaisseaux de guerre et les forces navales de S. M., dont, avec l'aide de la divine Providence, la richesse, la sûreté et la force du royaume dependent principalement, il est ordonné par sa très gracieuse Majesté, sur et avec l'avis, ainsi que le consentement des Lords spirituels et temporels et des Communes, dont la réunion a lieu dans le parlement actuel, et en vertu de cette même autorité, qu'à dater du 25 décembre 1749 inclusivement, et pour l'avenir, les articles, ainsi que les ordres ci-après, seront dûment observés et exécutés, aussi bien en temps de paix qu'en temps de guerre, de la manière qui va être prescrite.

I.

I.

Divine Worship.

Du Service divin.

All commanders, captains, and officers, in or belonging to any of His Majesty's ships or vessels of war, shall cause the public worship of Almighty God, according to the lithurgy of the church of England established by law, to be solemnly, orderly, and reverently performed in their respective ships; and shall take care that prayers and preaching, by the chaplains in holy orders of the respective ships, be performed diligently; and that the Lord's day be observed according to law.

Tous les commandants, capitaines et officiers, embarqués à bord d'un, ou appartenant à un, des vaisseaux ou quelques autres bâtiments de guerre quelconques de S. M., feront solennellement, décemment et respectueusement remplir, à leurs bords respectifs, le service public à Dieu tout-puissant, en se conformant à la lithurgie de l'église d'Angleterre, telle qu'elle est établie par la loi; et ils auront soin que les prières, ainsi que les prédications, soient exactement faites par les chapelains reçus dans les saints ordres, embarqués à leurs bords, et que le jour du Seigneur soit observé conformément à la loi.

II.

Swearing, drunkenness, scandalous actions, etc.

All flag officers, and all persons in, or belonging to His Majesty's ships or vessels of war, being guilty of profane oaths, cursings, execrations, drunkenness, uncleanness, or other scandalous actions, in derogation of God's honour, and corruption of good manners, shall incur such punishment as a Court martial shall think fit to impose, and as the nature and degree of their offence shall deserve.

III.

Holding intelligence with an enemy or rebel.

If any officer, mariner, soldier, or other person of the fleet, shall give hold, or entertain intelligence to or with any enemy or rebel, without leave from the King's majesty, or the lord High admiral, or the commissioners for executing the office of lord High admiral, or commander in chief, or his commanding officer, every such person so offending, and being thereof convicted by the sentence of a Court martial, shall be punished with death.

IV.

Letter or message from an enemy or rebel.

If any letter or message from any enemy or rebel be conveyed to any officer, mariner, or other in the fleet, and the said officer, mariner, or soldier, or other as afore said, shall not, within twelve hours, having opportunity so to do, acquaint his superior officer, or the officer commanding in chief with it; or if any superior officer, being acquainted therewith shall not, in convenient time reveal the same to the commanding in chief of the Squadron, every such person so offending, and being convicted thereof, by the sentence of the Court martial, shall be punished with death, or such other pu-

II.

Des Juremens, de l'Ivrognerie, des Actions scandaleuses, etc.

Tous officiers amiraux, et tous autres individus embarqués à bord d'un, ou appartenant à un, vaisseau ou bâtiment de guerre quelconque de S. M., coupables de sermens profanes, de juremens, d'imprécations, d'ivrognerie, d'impudicité, ou de toutes autres actions scandaleuses, contraires au respect qui est dû à Dieu, et tendantes à la corruption des mœurs, subiront telle peine que la Cour martiale jugera convenable de prononcer, suivant que la nature et le dégré de l'offense le mériteront.

III.

Des communications avec un ennemi ou un rebelle.

Tout officier, marin, soldat, ou autre individu quelconque faisant partie de la flotte, qui facilitera ou entretiendra des communications avec un ennemi ou un rebelle, sans en avoir obtenu la permission de S. M. le Roi ou du Lord grand amiral, ou des commissaires nommés pour remplir la charge du Lord grand amiral, ou du commandant en chef ou de son commandant particulier, et qui en sera convaincu par jugement d'une Cour martiale, sera condamné à subir la mort.

IV.

Des lettres ou messages reçus d'un ennemi ou d'un rebelle.

Si un ennemi ou un rebelle adresse une lettre ou un message à un officier, ou à un marin, ou à un soldat, ou à un autre individu de la flotte, et que le dit officier, marin, soldat, ou autre individu, ainsi qu'il vient d'être dit, n'en informe point dans les 12 heures, s'il a l'occasion de le faire, son officier supérieur ou le commandant en chef : ou bien si un officier supérieur, à qui il en serait donné connaissance, ne la transmet pas aussitôt que possible au commandant en chef de l'escadre ; toute personne qui commettra quelqu'un de ces crimes, et qui en sera convaincue par jugement d'une Cour martiale, sera

2.

nishment as the nature and degree of offence shall deserve, and the Court martial shall impose.

condamnée à subir la mort, ou à subir toute autre peine que la nature et le dégré du crime mériteront, et que la Cour martiale jugera convenable de prononcer.

V.

Spies and all persons in the nature of spies.

All spies, and all persons whatsoever who shall come, or be found, in the nature of spies, to bring or deliver any seducing letters or messages from any enemy or rebel, or endeavour to corrupt any captain, officer, mariner, or other in the fleet, to betray his trust, being convicted of any such offence, by the sentence of the Court martial, shall be punished with death, or such other punishment as the nature and degree of the offence shall deserve, and the Court martial shall impose.

V.

Des espions et de toutes les personnes qui agiraient comme tels.

Tous espions, et tous individus quelconques qui viendront, ou qui seront trouvés, en agissant comme espions, apporter ou remettre de la part d'un ennemi ou d'un rebelle quelques lettres d'embauchage ou quelques messages, ou bien qui chercheront à corrompre quelque capitaine, officier, marin, soldat, ou autre personne de la flotte pour les faire trahir leur devoir, et qui seront convaincus de quelques-uns de ces crimes, par jugement d'une Cour martiale, seront condamnés à subir la mort ou toute autre peine que la nature et le dégré du crime mériteront, et que la Cour martiale jugera convenable de prononcer.

VI.

Relieving an enemy or rebel.

No person in the fleet shall relieve an enemy or rebel with money, victuals, powder, shot, arms, ammunition, or any other supplies whatsoever, directly or indirectly, upon pain of death, or such other punishment as the Court martial shall think fit to impose, and as the nature and degree of the crime shall deserve.

VI.

Secours donné à un ennemi ou à un rebelle.

Aucun individu de la flotte ne devra secourir un ennemi ou un rebelle avec de l'argent, des vivres, de la poudre, des boulets, des armes, des munitions, ou toutes autres provisions que ce puisse être, directement, ou indirectement, sous peine de mort, ou de toute autre peine que la Cour martiale jugera convenable de prononcer, et suivant que la nature et le dégré du crime le mériteront.

VII.

Papers, etc., found on board of prizes.

All the papers, charter parties, bills of lading, passports, and other writings whatsoever, that shall be taken, seized, or found aboard any ship or ships which shall be surprized or taken as prize, shall be duly preserved, and the very originals shall, by the commanding officer of the ship which shall take such prize, be sent entirely, and without fraud, to the Court

VII.

Des papiers etc. trouvés à bord des prises.

Tous registres, chartes-parties, manifestes de chargement, lettres de passes, et autres écrits quelconques, qui seront pris, saisis, ou trouvés à bord de tous bâtiments quelconques qui seraient surpris, ou amarinés, seront soigneusement ramassés, et les originaux seront envoyés en totalité, ainsi que sans fraude, par l'officier commandant le bâtiment

of admiralty, or such other Court, or commissioners as shall be authorized to determine whether such prize be a lawful capture, there to be viewed, made use of, and proceeded upon according to law ; upon pain that every person offending herein shall forfeit and lose his share of the capture, and shall suffer such further punishment as the nature and degree of his offence shall be found to deserve, and the Court martial shall impose.

qui aura fait la prise, à la Cour d'amirauté, ou à telle autre Cour, ou à tels commissaires qui seront autorisés à décider si la prise est une capture légale, pour y être examinés, employés, et destinés ainsi que la loi le prescrit ; sous peine pour toute personne qui contreviendrait au présent ordre, de voir confisquer et de perdre sa part dans la dite prise ; et de plus de subir telle autre peine que la nature et le degré de son crime ou de son délit seraient trouvés mériter, et que la Cour martiale jugerait convenable de prononcer.

VIII.

Taking money or goods out of prizes.

No person in or belonging to the fleet, shall take out of any prize, or ship seized for prize, any money, plate, or goods, unless it shall be necessary for the better securing thereof, or for the necessary use and service of any of his Majesty's ships or vessels of war, before the same be adjudged lawful prize in some admiralty Court; but the full and entire account of the whole, without imbezzlement, shall be brought in, and judgment passed entirely upon the whole, without fraud, upon pain that every person offending herein shall forfeit and lose his share of the capture, and suffer such further punishment as shall be imposed by a Court martial, or such Court of admiralty, according to the nature and degree of the offence.

VIII.

Argent ou marchandises enlevés à bord des prises.

Aucun individu à bord de la flotte ou en faisant partie, (2) ne retirera d'une prise ou d'un bâtiment amariné, ni argent, ni vaiselle plate, ni marchandises, à moins que cela ne soit nécessaire pour en mieux assurer la conservation, ou pour des besoins indispensables de quelqu'un des vaisseaux ou bâtiments de guerre de S. M. , avant que les dits objets n'aient été déclarés par quelque Cour d'amirauté, être une capture légale : mais rien n'en sera détourné sous aucun prétexte que ce puisse être ; et la totalité, sans qu'il en soit rien fraudé, devra être adjugée par le tribunal, sous peine pour toute personne qui contreviendrait à cette défense, de voir confisquer et de perdre sa part de la prise, et en outre de subir telle autre peine qui pourrait être prononcée par une Cour martiale, ou par cette Cour d'amirauté, suivant que la nature et le dégré du crime ou du délit le mériteraient.

IX.

Stripping or ill-treating prisonners.

If any ship or vessel shall be taken as prize, none of the officers, mariners, or other persons on board her, shall be stripped of their Clothes, or in any sort pillaged, beaten, or ill-treated, upon pain that the person or persons so offending shall be liable to such punishment as a Court martial shall think fit to inflict.

IX.

Les prisonniers dépouillés ou maltraités.

Lorsqu'un bâtiment plus ou moins grand sera amariné, aucun officier, marin, ou autre individu qui serait à bord, ne pourra être dépouillé de ses hardes ni aucunement pillé, ou battu, ou maltraité, sous peine pour celui qui contreviendrait à cette défense, d'être puni ainsi que la Cour martiale le jugerait convenable.

X.

Preparation for fight. — Yelding or crying for quarter.

Every flag officer, captain, and commander in the fleet, who, upon signal or order of fight, or sight of any ship or ships which it may be his duty to engage, or who, upon likely hood of engagement, shall not make the necessary preparations for fight, and shall not in his own person, and according to his place, encourage the inferior officers and men to fight courageously, shall suffer death, or such other punishment as from the nature and degree of the offence a Court martial shall deem him to deserve ; and if any person in the fleet shall treacherously or cowardly yield or cry for quarter, every person so offending and being convicted hereof by the sentence of a Court martial, shall suffer death.

XI.

Obedience to orders in battle.

Every person in the fleet, who shall not duly observe the orders of the admiral, flag officer, commander of any squadron or division, or other his superior officer, for assailing, joining battle with, or making defence against any fleet, squadron, or ship ; or shall not obey the orders of his superior officer as aforesaid in time of action, to the best of his power ; or shall not use all possible endeavours to put the same effectually in execution ; every such person so offending and being convicted thereof by the sentence of the Court martial, shall suffer death, or such other punishment as from the nature and degree of the offence a Court martial shall deem him to deserve.

XII.

Withdrawing or keeping back from fight.

Every person in the fleet, who through cowardice, negligence, or disaffection,

X.

Dispositions pour le combat. — Demande de se rendre.

Tout officier amiral, capitaine de vaisseau, ou de tout autre bâtiment dans la flotte qui, au signal ou sur l'ordre du combat, ou bien qui, étant en vue de quelque bâtiment qu'il pourrait être de son devoir de combattre, ou bien encore qui sur la probabilité d'un engagement, ne fera pas tous les préparatifs nécessaires pour le combat, et qui par son exemple, suivant le poste qu'il occupera, n'encouragera pas les officiers, ainsi que les hommes sous ses ordres à combattre avec courage, sera condamné à mort, ou à telle autre peine que la cour martiale jugera qu'il mérite, d'après la nature et le dégré du crime : et si quelqu'un dans la flotte, traitreusement ou lâchement se rend ou bien demande à se rendre ; quiconque se rendra ainsi coupable et en sera convaincu par jugement d'une Cour martiale, subira la mort (3).

XI.

Obéissance aux ordres pendant le combat.

Tout individu dans la flotte qui ne suivra pas exactement les ordres de l'amiral en chef, de l'officier amiral, ou autre commandant l'escadre ou la division dont il fait partie, ou de tout autre officier son supérieur, pour attaquer, combattre, ou repousser toute flotte, ou vaisseau ennemi ou bien qui n'exécutera pas de tout son pouvoir les ordres de son officier supérieur ci-dessus indiqué, ou bien qui ne fera pas tous ses efforts pour mettre efficacement ces ordres à exécution ; tout individu qui se rendrait ainsi coupable, et qui en serait convaincu par jugement d'une Cour martiale, subira la mort ou toute autre peine que la Cour martiale jugerait qu'il mérite, d'après la nature et le dégré de son crime.

XII.

Abandonner le combat ou s'en tenir écarté (4).

Tout individu dans la flotte qui, par lâcheté, négligence ou déloyauté pen-

shall in time of action withdraw or keepback, or not come into the fight or engagement; or shall not do his utmost to take or destroy every ship which it shall be his duty to engage, and to assist and relieve all and every of his majesty's ships, or those of his allies, which it shall be his duty to assist and relieve: every such person so offending, and being convicted thereof by the sentence of a Court martial, shall suffer death.

dant le combat, se retirera en arrière, ou ne prendra pas part au combat ou à l'engagement; ou bien ne fera pas tout son possible pour prendre ou détruire tout bâtiment qu'il serait de son devoir de combattre, ou bien pour secourir ou pour dégager tous et chacun des vaisseaux de S. M. ou ceux de ses alliés qu'il serait de son devoir de secourir ou de dégager; tout individu qui se rendra ainsi coupable, et qui en sera convaincu par la sentence d'une Cour martiale, sera condamné à mort (5).

XIII.

Forbearing to pursue an enemy.

Every person in the fleet, who through cowardice, negligence or disaffection, shall forbear to pursue the chace of any enemy, pirate, or rebel, beaten or flying; or shall not relieve and assist a known friend in view to the utmost of his power; being convicted of any such offence by the sentence of a Court martial, shall suffer death.

XIII.

S'abstenir de poursuivre l'ennemi.

Tout individu de la flotte qui, par lâcheté, négligence ou déloyauté, s'abstiendra de cesser de poursuivre un ennemi, pirate ou rebelle, qui serait battu ou fuyant, ou bien qui ne ferait pas tout son possible pour dégager ou pour secourir un bâtiment qui serait reconnu ami et en vue, et qui serait convaincu de ce crime par jugement d'une Cour martiale, sera puni de mort.

XIV.

Delaying or discouraging any service.

If, when an action, or any service shall be commanded, any person in the fleet shall presume to delay or discourage the said action or service, upon pretence of arrears of wages, or upon any pretence whatsoever; every person so offending, being convicted thereof by the sentence of the Court martial, shall suffer death, or such other punishment as from the nature and degree of the offence a Court martial shall deem him to deserve.

XIV.

Du retardement ou du découragement apporté dans un service quelconque.

Lorsque l'ordre de combattre, ou de remplir tout autre service sera donné, si un individu quelconque de la flotte se permet d'en retarder ou d'en décourager l'exécution sous le prétexte de solde arriérée, ou pour tout autre prétexte que ce puisse être, s'il en est convaincu par jugement d'une Cour martiale, il sera condamné à mort, ou à subir toute autre peine que d'après la nature et le degré du crime, la Cour martiale jugera convenable de prononcer.

XV.

Deserting to an enemy. — Running away with ships stores.

Every person in or belonging to the fleet, who shall desert to the enemy, pirate, or rebel, or run away with any of his majesty's ships or vessels of war, or any ordnance, ammunition, stores, or provision belonging thereto, to the

XV.

Désertion à l'ennemi, ou en emportant des approvisionnements du vaisseau.

Tout individu à bord de la flotte ou en faisant partie, qui passera à l'ennemi ou aux pirates, ou aux rebelles, ou bien qui, au détriment du service, enlevera quelqu'un des bâtiments de guerre de S. M. ou de l'artillerie, ou des muni-

weakening of the service, or yield up the same cowardly or treacherously to the enemy, pirate, or rebel, being convicted of any such offence by the sentence of the Court martial, shall suffer death.

tions de guerre, ou des effets d'armement, ou des provisions appartenant auxdits bâtiments de guerre ; ou bien qui en fera l'abandon par lâcheté ou par trahison à un ennemi, pirate, ou rebelle, et qui sera convaincu de quelqu'un de ces crimes par jugement d'une Cour martiale, sera condamné à mort.

XVI.

Desertion, and entertaining deserters.

XVI.

De la désertion, et de l'entretien des déserteurs.

Every person, in or belonging to the fleet, who shall desert, or entice others so to do, shall suffer death, or such other punishment as the circumstances of the offence shall deserve, and a Court martial shall judge fit : and if any commanding officer of any of his majesty's ships or vessels of war shall receive or entertain a deserter from any other of his majesty's ships or vessels, after discovering him to be such deserter, and shall not with all convenient speed give notice to the captain of the ship or vessel to which such deserter belongs ; or, if the said ships or vessels are at any considerable distance from each other, to the secretary of the admiralty, or to the commander in chief ; every person so offending, and being convicted thereof by the sentence of the Court martial, shall be cashiered.

Tout individu à bord de la flotte ou en faisant partie, qui désertera, ou excitera les autres à déserter, sera condamné à mort, ou à telle autre peine que les circonstances du crime mériteront, et qu'une Cour martiale jugera convenable ; et si un officier commandant un des vaisseaux ou autres bâtiments de guerre de S. M., reçoit ou garde à son bord un déserteur de quelque autre vaisseau ou bâtiment de guerre de S. M., après qu'il aura découvert qu'il en a déserté, et n'en donne pas, avec toute la promptitude possible, connaissance au capitaine du vaisseau ou bâtiment auquel ledit déserteur appartenait, ou bien dans le cas où les deux vaisseaux ou bâtiments seraient à une trop grande distance l'un de l'autre, au secrétaire de l'amirauté ou au commandant en chef : tout individu qui se rendrait ainsi coupable, et qui en serait convaincu par jugement d'une Cour martiale sera cassé.

XVII.

Convoys.

XVII.

Des convois.

The officers and seamen of all ships appointed for convoy and guard of merchant ships, or of any other, shall diligently attend upon that charge, without delay, according to their instructions in that behalf ; and whosoever shall be faulty therein, and shall not faithfully perform their duty, and defend the ships and goods in their convoy, without either diverting to other parts or occasions, or refusing or neglecting to fight in their defence, if they be assailed, or running away cowardly, and submitting the ships in their convoy to peril and hazard ; or shall de-

Les officiers et les marins embarqués sur tout bâtiment quelconque, destiné à convoyer et à escorter des navires du commerce ou tous autres bâtiments que ce puisse être, devront promptement prendre cette charge, sans y apporter aucun délai, et ainsi qu'il pourrait leur être ordonné dans l'intérêt de ces navires ; et quiconque y manquera, ou bien ne remplira pas fidèlement son devoir, ou bien ne défendra pas les navires ainsi que les marchandises du convoi sans se détourner de sa route, ou sans profiter des circonstances, et soit en refusant ou en négli-

mand or exact any money or other reward from any merchant or master for convoying of any ships or vessels intrusted to their care, or shall misuse the masters or mariners thereof, shall be condemned to make reparation of the damage to the merchants, owners, and others, as the court of admiralty shall adjudge; and also be punished criminally, according to the quality of their offences, he it by pain of death, or other punishment, according as shall be adjudged fit by the Court martial.

geant de se battre pour les défendre s'ils sont attaqués, ou soit en fuyant lâchement et en exposant les navires du convoi aux périls et au hazard; ou bien qui demandera ou exigera de l'argent ou toute autre récompense d'aucun marchand ou maître (capitaine) d'un navire, pour convoyer aucun des bâtiments placés sous son escorte; ou bien qui maltraitera les maîtres (capitaines) et les marins desdits navires; sera condamné à réparer les dommages causés aux marchands, propriétaires et tous autres intéressés, conformément à ce que la cour d'amirauté jugera convenable; et de plus sera traduit à une Cour martiale, pour y être suivant la nature du crime puni criminellement même de la peine de mort, ou de toute autre qui serait prononcée par cette Cour martiale (6).

XVIII.

Receiving goods and merchandises on board.

If any captain, commander, or other officer of any of his majesty's ships or vessels, shall receive on board, or permit to be received on board such ship or vessel, any goods or merchandizes whatsoever, other than for the sole use of the ship or vessel, except gold, silver, or jewels, and except the goods and merchandizes belonging to any merchant, or other ship or vessel which may be shipwrecked, or in imminent danger of being shipwrecked either on the high seas, or in any port, creek, or harbour, in order to the preserving them for their proper owners; and except such goods or merchandizes as he shall at any time be ordered to take or receive on board by order of the lord high admiral of Great Britain, or the commissioners for executing the office of lord high admiral for the time being; every person so offending, being convicted thereof by the sentence of the Court martial, shall be cashiered, and be for ever afterwards rendered incapable to serve in any place or office in the naval service of his majesty, his heirs and successors.

XVIII.

Embarquement, à bord, d'effets et de marchandises.

Il est défendu à tout capitaine de vaisseau, de frégate, ainsi qu'à tout autre officier embarqué sur un des bâtiments de guerre de S. M., de recevoir ou de permettre qu'on reçoive à bord dudit bâtiment aucuns effets ou aucunes marchandises quelconques autres que ce qui serait pour le seul usage du bâtiment; excepté de l'or, de l'argent, des bijoux, et les effets ainsi que les marchandises qui appartiendraient à quelque marchand ou à quelque navire qui aurait pu être naufragé ou pourrait se trouver en danger imminent de l'être, soit en pleine mer, soit dans un port, une baie ou une rade, à l'effet de les conserver pour leurs propriétaires. Et excepté encore tels effets ou marchandises que dans tout temps quelconque, il pourrait être ordonné de recevoir à bord par ordre du lord grand amiral de la Grande-Bretagne, ou des commissaires nommés pour remplir par intérim la charge du lord grand amiral : et tout individu quelconque qui contreviendra à cette défense et en sera convaincu par jugement d'une Cour martiale, sera cassé et sera déclaré à jamais incapable de remplir aucun emploi ni aucune charge dans le service de la marine de S. M., de ses héritiers et de ses successeurs (7).

XIX.

Mutinous assembly. — Uttering words of sedition. — Contempt to superior officers.

If any person in or belonging to the fleet, shall make, or endeavour to make, any mutinous assembly upon any pretence whatsoever, every person offending herein, and being convicted thereof by the sentence of the Court martial, shall suffer death : and if any person in or belonging to the fleet, shall utter any words of sedition or mutiny, he shall suffer death, or such other punishment as a Court martial shall deem him to deserve : and if any officer, mariner, or soldier, in or belonging to the fleet, shall behave himself with contempt to his superior officer, such superior officer being in the execution of his office, he shall be punished according to the nature of his offence by the judgment of a Court martial.

XX.

« *Concealing traitorous, or mutinous designs.* »

If any person in the fleet shall conceal any traitorous or mutinous practice or design, being convicted thereof by the sentence of a Court martial, he shall suffer death, or such other punishment as a Court martial shall think fit; and if any person, in or belonging to the fleet, shall conceal any traitorous or mutinous words spoken by any, to the prejudice of his majesty or government, or any words, practice, or design, tending to the hindrance of the service, and shall not forthwith reveal the same to the commanding officer, or being present at any mutiny or sedition, shall not use his utmost endeavours to suppress the same, he shall be punished as a Court martial shall think he deserves.

XXI.

« *No person, upon any pretence, to attempt to stir up disturbance.* »

If any person in the fleet shall find

XIX.

Rassemblements et propos séditieux. — Insolence envers les supérieurs (8).

Tout individu à bord de la flotte ou en faisant partie, qui fera ou tâchera de faire quelque rassemblement tumultueux, sous quelque prétexte que ce puisse être, et qui en sera convaincu par jugement d'une Cour martiale sera puni de mort : et tout individu qui tiendra des propos séditieux ou tendant à l'insurrection, sera puni de mort ou de toute autre peine qu'une Cour martiale jugera qu'il mérite ; et tout officier, marin ou soldat de la flotte ou en faisant partie qui se conduira insolemment envers son officier supérieur, lorsque cet officier supérieur sera dans l'exercice de ses fonctions, sera condamné suivant la gravité de son crime ou de son délit à telle peine que la Cour martiale jugera convenable de prononcer.

XX.

Non-révélation de Projets de trahison ou de rébellion.

Tout individu, à bord de la flotte, qui laissera ignorer des manœuvres ou des projets de trahison ou de rébellion, et qui en sera convaincu par le jugement d'une Cour martiale, subira la peine de mort, ou toute autre peine que la Cour martiale jugera convenable ; et tout individu de la flotte, qui laissera ignorer les propos de trahison ou de rébellion qu'il aurait entendu tenir à qui que ce soit, au préjudice de S. M. ou de son gouvernement, ou bien qui gardera le silence sur des discours, des menées, ou des projets tendant à entraver le service, et n'en donnera pas aussitôt connaissance à l'officier commandant, ou bien qui, étant présent à quelque sédition ou à quelque révolte, ne fera pas tout son possible pour l'arrêter, sera puni ainsi que la Cour martiale jugera qu'il le mérite.

XXI.

Défense de provoquer du trouble sous aucun prétexte quelconque.

Tout individu de la flotte, qui aura à

cause of complaint of the unwholesomeness of the victual, or upon other just ground, he shall quietly make the same known to his superior, or captain, or commander in chief, as the occasion may deserve, that such present remedy may be had as the matter may require; and the said superior, captain, or commander in chief, shall, as far as he is able, cause the same to be presently remedied : and no person in the fleet, upon any such or other pretence, shall attempt to stir up any disturbance, upon pain of such punishment as a Court martial shall think fit to inflict, according to the degree of the offence.

se plaindre de la mauvaise qualité des vivres, ou bien qui aura tout autre juste sujet de se plaindre, devra tranquillement le faire connaître à son supérieur, ou à son capitaine, ou au commandant en chef, suivant que le cas pourra le mériter, afin qu'on puisse faire à cette plainte tel et aussi prompt droit que l'objet peut le requérir ou le permettre; et ledit supérieur, ou capitaine, ou commandant en chef, devra, autant et en ce qui dépendra de lui, y faire remédier de suite : mais aucun individu de la flotte ne devra, sous ce prétexte non plus que sous aucun autre, chercher à provoquer du trouble, sous peine de telle punition que la Cour martiale jugera convenable de prononcer en raison de l'énormité de la faute.

XXII.

Striking a superior officer. — Quarrelling. Disobedience.

If any officer, mariner, soldier, or other person in the fleet, shall strike any of his superior officers, or draw, or offer to draw, or lift up any weapon against him, being in the execution of his office, on any pretence whatsoever, every such person being convicted of any such offence, by the sentence of a Court martial, shall suffer death ; and if any officer, mariner, soldier, or other person in the fleet, shall presume to quarrel with any of his superior officers, being in the execution of his office, or shall disobey any lawful command of any his superior officers; every such person being convicted of any such offence, by the sentence of a Court martial, shall suffer death, or such other punishment as shall, according to the nature and degree of his offence, be inflicted upon him by the sentence of a Court martial.

XXII.

Coups portés à un Supérieur; — Disputes avec lui; — Désobéissance à ses ordres.

Tout officier, marin, soldat, ou autre individu de la flotte, qui, sous aucun prétexte que ce puisse être, frappera un de ses supérieurs dans l'exercice de ses fonctions, ou bien qui tirera ou fera le mouvement de tirer, ou lèvera aucune arme sur ou contre lui, et qui en sera convaincu par jugement d'une Cour martiale, sera condamné à mort : et tout officier, marin, soldat, ou autre individu de la flotte, qui se permettra de disputer avec aucun de ses supérieurs dans l'exercice de ses fonctions, ou bien qui désobéira au commandement légalement fait par un desdits supérieurs quelconques, et qui en sera convaincu par jugement d'une Cour martiale, sera condamné à mort, ou à toute autre peine que, d'après la nature et le degré de son crime ou de son délit, la Cour martiale jugera convenable de prononcer contre lui.

XXIII.

Fighting; — Provoking speeches, etc.,etc.

If any person in the fleet shall quarrel or fight with any other person in the fleet, or use reproachful or provoking speeches or gestures, tending to make any quarrel or disturbance, he shall,

XXIII.

Batteries ; — Propos injurieux ou provocateurs.

Tout individu de la flotte, qui se querellera ou se battra avec un autre individu aussi appartenant à la flotte, ou bien qui fera usage de paroles injurieuses ou provocatrices, ou de menaces ten-

upon being convicted thereof, suffer such punishment as the offence shall deserve, and a Court martial shall impose.

XXIV.

Embezzlement of stores.

There shall be no wasteful expence of any powder, shot, ammunition, or other stores in the fleet, nor any embezzlement thereof : but the stores and provisions shall be carefully preserved, upon pain of such punishment to be inflicted upon the offenders, abettors, buyers, and receivers (being persons subject to naval discipline), as shall be by a Court martial found just in that behalf.

XXV.

Burning a magasine, ship, etc., etc.

Every person in the fleet, who shall unlawfully burn or set fire to any magazine or store of powder, or ship, boat, ketch, hoy, or vessel, or tackle or furniture thereunto belonging, not then appertaining to any enemy, pirate, or rebel, being convicted of any such offence, by the sentence of a Court martial, shall suffer death.

XXVI.

Steering and conducting ships, etc., etc.

Care shall be taken in the conducting and steering of any of his majesty's ships, that through wilfulness, negligence, or other defaults, no ship be stranded, or run upon any rocks or sands, or split or hazarded, upon pain that such as shall be found guilty therein, be punished by death, or such other punishment as the offence, by a Court martial shall be judged to deserve.

dant à causer des querelles ou du bruit, et qui en sera convaincu, subira telle peine que son crime ou son délit pourra mériter, et qu'une Cour martiale prononcera.

XXIV.

Vol des Approvisionnements (9).

Il ne sera fait dans la flotte aucune consommation inutile, ni gaspillage de poudre, de boulets, de munitions ou autres approvisionnements, non plus qu'aucune appropriation illégale et par abus de confiance desdits objets, sous peine de tel châtiment que, suivant la circonstance, la Cour martiale jugerait convenable de prononcer contre les coupables, leurs complices, les achteeurs et les recéleurs (en tant qu'ils seraient soumis à la discipline navale).

XXV.

Incendie des poudrières, des bâtiments, etc.

Tout individu de la flotte qui illégalement incendiera, ou bien mettra le feu à aucune poudrière, ou à aucun approvisionnement de poudre, ou à aucun bâtiment, bateau, galiote, heu, ou autre plus petit bâtiment, ou à leur gréement, ou à leur équipement, à moins que ces objets ne soient, à ce moment, la propriété d'un ennemi, d'un pirate, ou d'un rebelle, et qui sera convaincu par jugement d'une Cour martiale d'aucun de ces crimes, sera condamné à subir la peine de mort.

XXVI.

De la manœuvre et du pilotage des bâtiments.

Il devra être porté attention dans la manœuvre ainsi que dans le pilotage de tous les bâtiments de S. M., afin qu'aucun d'eux, soit par méchanceté, soit par négligence, ou toute autre faute, ne puisse être mis à la côte, ou bien jeté sur quelque banc de roches ou de sable, ou bien brisé, ou bien mis en danger, sous peine de mort, ou de toute autre punition que la Cour martiale jugera convenable de prononcer suivant le crime ou le délit.

XXVII.

Sleeping, negligence, and forsaking a station.

No person in or belonging to the fleet shall sleep upon his watch, or negligently perform the duty imposed on him, or forsake his station, upon pain of death, or such other punishment as a Court martial shall think fit to impose, and as the circumstances of the case shall require.

XXVIII.

Murder.

All murders committed by any person in the fleet, shall be punished with death, by the sentence of a Court martial.

XXIX.

Sodomy.

If any person in the fleet shall commit the unnatural and detestable sin of buggery or sodomy with man or beast, he shall be punished with death by the sentence of a Court martial.

XXX.

Robbery.

All robbery committed by any person in the fleet, shall be punished with death, or otherwise, as a Court martial, upon consideration of circumstances, shall find meet.

XXXI.

False musters.

Every officer, or other person in the fleet, who shall knowingly make or sign a false muster or muster book, or who shall command, counsel, or procure making or signing thereof, or who shall aid or abet any other person in the making or signing thereof, shall, upon proof of an such

XXVII.

Des peines infligées à ceux qui dormiront étant de quart, négligeront leurs devoirs, et abandonneront leur poste.

Aucun individu à bord de la flotte, ou en faisant partie, ne devra dormir étant de quart, ni apporter de négligence dans l'exécution de son devoir, ni abandonner son poste; sous peine de mort ou de toute autre peine que la Cour martiale jugera à propos de prononcer et suivant que les circonstances du cas le mériteront.

XXVIII.

Du meurtre (10).

Tous meurtres commis par un individu embarqué sur la flotte, seront punis de la peine de mort, par jugement d'une Cour martiale.

XXIX.

Du crime de sodomie (11).

Tout individu embarqué sur la flotte qui commettra le péché détestable et contre nature de sodomie ou de bestialité, soit avec un homme, soit avec un animal, sera condamné à mort par jugement d'une Cour martiale.

XXX.

Du vol (12).

Tout vol commis par un individu embarqué sur la flotte, sera puni de mort, ou de toute autre peine qu'une Cour martiale, en considération des circonstances, jugera convenable de prononcer.

XXXI.

Des faux états de revue.

Tout officier, ou autre individu embarqué sur la flotte, qui sciemment fera ou signera un faux état de revue, ou un faux rôle d'équipage, ou bien qui commandera, conseillera ou donnera les moyens d'en faire ou d'en signer, ou bien qui aidera ou excitera toute autre personne à en faire ou à en signer, sera, sur

offence, being made before a Court martial, becashiered, and rendered uncapable of further employment in his majesty's naval service.

les preuves qui en seraient données devant une Cour martiale, condamné à être cassé et déclaré incapable de jamais servir dans la marine militaire de Sa Majesté.

XXXII.

Apprehending, and keeping criminals; — Bringing offenders to punishment.

No provost-martial belonging to the fleet shall refuse to apprehend any criminal, whom he shall be authorized by legal warrant to apprehend, or to receive or keep any prisoner committed to his charge, or wilfully suffer him to escape being once in his custody, or dismiss him without lawful order. upon pain of such punishment as a Court martial shall deem him to deserve; and all captains, officers, and others in the fleet, shall do their endeavour to detect, apprehend, and bring to punishment all offenders, and shall assist the officers appointed for that purpose therein, upon pain of being proceeded against, and punished by a Court martial, according to the nature and degree of the offence.

XXXII.

Arrestation et garde des criminels, et leur mise en jugement.

Aucun prevôt militaire attaché à la flotte ne pourra se refuser à s'emparer d'un criminel, qu'il serait autorisé par un mandat légal à arrêter; ni à recevoir, ou à garder aucun prisonnier remis à sa charge; ni volontairement souffrir qu'il s'échappe dès qu'il serait mis sous sa garde, ni le mettre en liberté sans un ordre légal, sous peine d'être puni, ainsi que la Cour martiale jugerait qu'il mérite: et tous capitaines, officiers, et autres individus de la flotte seront tenus de faire leurs efforts pour découvrir, arrêter, et faire punir tous coupables, ainsi que d'aider les officiers qui par le présent article sont désignés pour le faire, sous peine d'être eux-mêmes poursuivis et punis par la Cour martiale, suivant la nature et le degré de leur crime ou délit.

XXXIII.

Behaving unbecoming an officer.

If any flag officer, captain, or commander, or lieutenant belonging to the fleet, shall be convicted before a Court martial of behaving in a scandalous, infamous, cruel, oppressive, or fraudulent manner, unbecoming the character of an officer, he shall be dismissed from his majesty's service.

XXXIII.

Conduite indigne d'un officier.

Tout officier amiral, capitaine de vaisseau, capitaine de frégate ou lieutenant de vaisseau faisant partie de la flotte, qui sera convaincu, devant une Cour martiale, de tenir une conduite scandaleuse, méprisable, cruelle, tyrannique, contraire à la probité, en un mot indigne du caractère d'un officier, sera renvoyé du service de S. M.

XXXIV

Mutiny, desertion, disobedience, when on shore in the king's dominions.

Every person being in actual service and full, pay and part of the crew in or belonging to any of his Majesty's ships, or vessels of war, who shall be guilty of mutiny, desertion, or disobedience to any lawful command, in any part of his

XXXIV.

De la sédition, désertion, désobéissance à terre dans les états de S. M.

Tout individu, étant en service effectif, jouissant de solde entière et faisant partie de l'équipage d'un des bâtiments de guerre de S. M. ou lui appartenant qui se rendra coupable de sédition, de désertion ou de désobéissance à un com-

majesty's dominions on shore, when in actual service relative to the fleet, shall be liable to be tried by a Court martial, and suffer the like punishment, for every such offence, as if the same had been committed at sea on board any of his majesty's ships or vessels of war.

mandement légitime dans quelqu'un des états de S. M. (14), lorsqu'il se trouverait à terre pour le service de la flotte, sera susceptible d'être jugé par une Cour martiale, et d'être condamné pour chacune de ces offenses à la même peine à laquelle il aurait pu être condamné, si elle avait été commise en pleine mer à bord de quelqu'un des vaisseaux ou autres bâtiments de guerre de S. M.

XXXV.

Crimes committed on shore out of the king's dominions.

If any person who shall be in actual service and full pay in his majesty's ships and vessels of war, shall commit upon the shore in any place or places out of his majesty's dominions, any of the crimes punishable by these articles and orders, the persons so offending shall be liable to be tried and punished for the same, in like manner, to all intents and purposes, as if the said crimes had been committed at sea, on board any of his majesty's ships or vessels of war.

XXXV.

Des crimes commis à terre, hors des états de S. M.

Tout individu qui sera en service effectif, et jouissant de solde entière à bord d'un des vaisseaux ou autres bâtiments de guerre de S. M., et qui commettra à terre, dans un lieu quelconque, hors des états de S. M., un des crimes punissables par le présent Code, sera susceptible d'être jugé et d'être puni, pour ledit crime, de la même manière, sous tous les rapports quelconques, que s'il avait été commis en mer à bord de quelqu'un des vaisseaux ou autres bâtiments de guerre de S. M.

XXXVI.

Crimes not mentioned in this act.

All other crimes not capital, committed by any person or persons in the fleet, which are not mentioned in this act, or for wich no punishment is hereby directed to be inflicted, shall be punished according to the laws and customs in such cases used at sea.

XXXVI.

Des crimes dont il n'est pas fait mention dans cette loi.

Tous autres crimes non capitaux, qui seront commis par tout individu quelconque embarqué sur la flotte, et qui ne sont pas mentionnés dans la présente loi, ou pour lesquels il n'est point prescrit de peine, seront punis conformément aux lois et aux usages suivis en pareil cas à la mer.

COURT MARTIAL STATUTES.

Abtract of sections respecting Courts martial contained in the act of parliament 22ᵗʰ George II , chap. 53 , intituled : *Un act for amending , explaining and reducing into an act of parliament the laws relating to the government of his Majesty's ships, vessels, and forces by sea.*

STATUTS RELATIFS AUX COURS MARTIALES (1).

Extrait des sections relatives aux cours martiales contenues dans l'acte du parlement passé dans la 22ᵉ année du règne de Georges II , chap. 53 , intitulé : *Acte du parlement pour modifier, développer et réduire en un seul acte du parlement les lois relatives à la discipline des vaisseaux, bâtiments de guerre et autres forces navales de S. M.*

LIKE WISE ,

Clauses of amendement in the act 19 George III , chap. 17.

ET DE PLUS,

Articles d'un Amendement fait par la loi passée dans la 19ᵉ année du règne de Georges III(1779), chap.17.

Section III.

Not more than two years imprisonment.

Provided always, that no person convicted of any offence, shall, by the sentence of any Court martial to be held by virtue of this act, be adjuded to be imprisoned for a longer term than the space of two years.

Section III.

Pas plus de deux ans de Prison (2).

Étant bien entendu toujours que (3) aucun individu convaincu d'un crime ou d'un délit, ne pourra être condamné , par jugement d'une Cour martiale, à plus de deux ans de prison.

Section IV.

Jurisdiction of a court martial.

Provided always, that nothing in this act contained shall extend, or be construed to extend, to impower any Court martial to be constituted by virtue of this act, to proceed to the punishment or trial of any of the offences specified in the several articles contained in this act, or of any offences whatsoever (other than the offences specified in the fifth, thirty-fourth, and thirty-fifth of the foregoing articles and orders) which shall not be committed upon the main sea, or in great rivers only, beneath the bridges of the said rivers nigh to the sea,

Section IV.

Juridiction des Cours martiales.

Étant entendu toujours que rien de contenu dans la présente loi ne s'étendra ni ne sera interprété s'étendre jusqu'à donner à aucune Cour martiale, qui serait assemblée en vertu de cette loi, le pouvoir de procéder au jugement ni à la punition d'aucun des crimes ou délits spécifiés dans les divers articles contenus dans cette loi, ou de tous crimes et délits quelconques (4) (autres que ceux énoncés aux articles 5, 34 et 35), qui ne seraient pas commis en pleine mer, ou bien dans les grandes rivières, seulement au-dessous de leur pont le plus

or in any haven, river, or creek within the jurisdiction of the admiralty, and which shall not be committed by such persons as at the time of the offence committed shall be in actual service and full pay in the fleet or ships of war of his majesty, his heirs or successors, such persons only excepted, and for such offences, as are described in the fifth of the foregoing articles and orders.

rapproché de la mer, ou bien dans quelque hâvre, rivière ou baie placés sous la juridiction de l'amirauté, et qui ne seraient pas commis par des individus qui, à ce moment, ne seraient pas en service effectif et jouissant de solde entière (5) dans la flotte ou à bord des bâtiments de guerre de S. M., de ses héritiers ou de ses successeurs, en en exceptant seulement les offenses et les personnes mentionnées au cinquième article du présent acte.

Section V.

No officer or soldier to be tried.

Provided also, that nothing in this act contained shall extend, or be construed to extend, to impower any court martial to be constituted by virtue of this act to proceed to the punishment or trial of any land officer or soldier on board any transport ship, for any of the offences specified in the several articles contained in this act.

Section V.

Les Offic. et Soldats des troupes de terre non soumis au jugement desdites Cours (6).

Rien dans le présent acte n'ira ni ne pourra être interprété aller jusqu'à donner le pouvoir à aucune Cour martiale de procéder au jugement ni à la punition d'aucun officier ou soldat des troupes de terre embarquées à bord d'un transport, pour aucune des offenses spécifiées dans ledit présent acte.

Section VI.

Commissions to be granted to assemble Courts martial.—These commissions to devolve in foreign ports with the command of a fleet or squadron.

Section VI.

Il sera accordé des commissions pour autoriser à assembler des Cours martiales,— et elles seront dévolues, lorsqu'on sera hors de la juridiction de l'Amirauté, aux officiers à qui appartiendra le commandement de l'armée ou de l'escadre.

And it is hereby further enacted, that, from and after the twenty-fifth day of december, one thousand seven hundred and forty-nine, the lord high admiral of Great Britain, or the commissioners for executing the office of lord high admiral of Great Britain for the time being, shall have full power and authority to grant commissions to any officer commanding in chief any fleet or squadron of ships of war, to call and assemble courts martial, consisting of commanders and captains; and that in case any officer commanding in chief any fleet or squadron of ships of war (who shall be authorized by the lord high admiral, or the commissioners for executing the office of lord high admiral for the time being, to call and assemble courts mar-

Il est de plus ici ordonné qu'à dater du 25 décembre 1749 inclusivement(7), le lord grand amiral de la Grande-Bretagne, ou les commissaires nommés pour remplir, par intérim, la charge de lord grand amiral de la Grande-Bretagne, auront plein pouvoir et autorité absolue d'accorder à tout officier commandant en chef une armée navale ou une escadre de vaisseaux de guerre, des commissions qui les autorisent à convoquer et à faire tenir des Cours martiales composées de commandants et de capitaines; et, dans le cas où il arriverait que ledit officier commandant en chef une armée navale ou une escadre de vaisseaux de guerre, auquel le lord grand amiral, ou les commissaires nommés pour remplir, par intérim, la charge de lord grand

tial in foreign parts) shall happen to die, or be recalled, or removed from his command, then the officer upon whom the command of the said fleet or squadron shall devolve, and so from time to time the officer who shall have the command of the said fleet or squadron, shall have the same power to call and assemble courts martial, as the first commanders in chief of the said fleet or squadron was invested with.

amiral, auraient donné l'autorité de convoquer et de faire tenir des Cours martiales hors du royaume (9), viendrait à mourir ou à être rappelé, ou à quitter son commandement, alors l'officier, auquel serait dévolu le commandement de ladite armée ou escadre, aurait le même pouvoir de convoquer et de faire tenir des Cours martiales, que le premier commandant en chef de ladite armée ou escadre avait reçu.

SECTION VII.

No commander in chief in foreign parts to preside at a court martial.

SECTION VII.

Hors du royaume aucun commandant en chef ne doit présider une Cour martiale.

Provided always, and it is hereby enacted and declared, that no commander in chief of any fleet or squadron of His Majesty's ships, or detachment thereof, consisting of more than five ships, shall preside at any Court martial in foreign parts, but that the officer next in command to such officer commanding in chief shall hold such Court martial, and preside thereat; any law, custom, or usage, to the contrary notwithstanding.

Aucun commandant en chef d'une armée navale, ou d'une escadre de vaisseaux de S. M., ou d'une de leurs divisions composées de plus de cinq vaisseaux (ou bâtiments de guerre), ne présidera une Cour martiale hors du royaume; mais l'officier, commandant immédiatment après ledit commandant en chef, tiendra ladite Cour martiale et la présidera, nonobstant toute loi, usage ou coutume qui y serait contraire.

SECTION VIII.

Commanders of detachments to be impowered to hold Courts martial.

SECTION VIII.

Les commandants de divisions détachées peuvent être autorisés à tenir des Cours martiales.

And it is hereby further enacted, that from and after the twenty-fifth day of december, one thousand seven hundred and forty-nine, in case any commander in chief of any fleet or squadron of His Majesty's ships or vessels of war in foreign parts shall detach any part of such fleet or squadron, every commander in chief shall, and he is hereby authorized and required, by writing under his hand, to impower the chief commander of the squadron or detachment so ordered on such separate service (and in case of his death or removal, the officer to whom the command of such separate squadron or detachment shall belong) to hold Courts martial, during the time et such separate service, or until the commander of the said deta-

Dans le cas où un commandant en chef d'une armée, ou escadre de vaisseaux, ou autres bâtiments de guerre de S. M. hors du royaume, viendrait à détacher une partie de cette armée ou escadre, ledit commandant en chef devra, ainsi que par la présente il est autorisé à le faire et en est requis, autoriser, par un écrit signé de lui, l'officier qui commandera en chef l'escadre ou la division, ainsi envoyée eu mission particulière (et, dans le cas où ce dernier commandant viendrait à mourir ou à être changé, l'officier auquel le commandement de cette escadre ou division détachée serait dévolu), à tenir des Cours martiales pendant le temps de sa séparation, ou bien jusqu'à ce que ce commandant, momentanément en chef, soit revenu sous les ordres du commandant qui l'avait

chment for the time being shall return to his commander in chief, or shall come under the command of any other his superior officer, or return to Great Britain or Ireland.

détaché ; ou bien jusqu'à ce qu'il se trouve sous le commandement d'un officier qui serait son supérieur ; ou bien jusqu'à ce qu'il ait effectué son retour dans un des ports de la Grande-Bretagne ou de l'Irlande.

Section IX.

Five ships meeting, senior officer may hold Courts martial and preside.

Section IX.

Dans le cas où cinq bâtiments de guerre seraient réunis, le plus ancien capitaine est autorisé à tenir des Cours martiales et à les présider.

Provided always, and it is hereby further enacted, that if any five or more of his Majesty's ships or vessels, shall happen to meet together in foreign parts, then and in such case it may be lawful for the senior officer of the said ships or vessels, to hold courts martial, and preside thereat, from time to time as there shall be occasion, during so long time as the said ships or vessels of war, or any five or more of them, shall continue together.

Si cinq, ou un plus grand nombre de vaisseaux ou autres bâtiments de guerre de S. M., viennent à se trouver réunis hors du royaume, alors et dans ce cas, le plus ancien officier desdits vaisseaux ou autres bâtiments de guerre de S. M. sera autorisé à tenir des Cours martiales et à les présider de temps en temps, lorsque les circonstances le requerront, pendant tout le temps que ces vaisseaux ou autres bâtiments de guerre de S. M., ou que cinq, ou qu'un plus grand nombre continueront à se trouver réunis.

Section X.

If a material objection to the second officer in the command, the third may be appointed to hold Courts martial.

Section X.

S'il n'est pas convenable que le second officier dans le commandement tienne les Cours martiales, le troisième pourra y être appelé.

Provided nevertheless, and be it also enacted, that where any material objection occurs, which may render it improper for the person who is next in command to the senior officer or commander in chief of any fleet or squadron of his Majesty's ships of war, in foreign parts, to hold courts martial, or preside thereat, in such case it shall be lawful for the lord high admiral, or commissioners for executing the office of lord high admiral for the time being, as also the commander in chief of any such fleet or squadron of his Majesty's ships in foreign parts respectively, to appoint the third officer in command to preside at, or hold such court martial.

S'il se présente quelque grave objection qui rende inconvenable que la Cour martiale soit tenue ou présidée par la personne qui suit immédiatement dans le commandement le plus ancien officier ou commandant en chef d'une armée navale, ou d'une escadre de vaisseaux de S. M., hors du royaume; dans ce cas, le lord grand amiral, ou les commissaires nommés pour remplir, par intérim, la charge de lord grand amiral, comme aussi, suivant le cas, le commandant en chef de ladite armée navale, ou escadre de vaisseaux de S. M., hors du royaume, sont autorisés à nommer le troisième officier dans le commandement, pour présider et tenir cette Cour martiale.

4

Section XI.

In Great Britain or Ireland, the admiralty may appoint the first, or second or third officer in command in any port to hold Courts martial.

And it is hereby further enacted, that, from and after the twenty-fifth day of december, one thousand seven hundred and forty-nine, it shall be lawful, for the lord high admiral of Great Britain, or the commissioners for executing the office of lord high admiral for the time being, and they are hereby respectively authorized, from time to time, as there shall be occasion, to direct any flag officer, or captain of any of his Majesty's ships of war, who shall be in any port of Great Britain or Ireland, to hold courts martial in any such port; provided such flag officer or captain be the first, second, or third in command in such port, as shall be found most expedient, and for the good of his Majesty's service; and such flag officer or captain, so directed to hold courts martial, shall preside at such court martial; any thing herein contained to the contrary notwithstanding.

Section XII.

Court martial no to consist of more than thirteen, or less than five, next in seniority to the officer presiding.

And it is hereby further enacted, that, from and after the twenty-fifth day of december, one thousand seven hundred and forty-nine, no court martial, to be held or appointed by virtue of this present act, shall consist of more than thirteen, or of less than five persons, to be composed of such flag officers, captains, or commanders then and there present, as are next in seniority to the officer who presides at the court martial.

Section XIII.

Particular number no to be ascertained by the admiralty or flag officer impowered to order or hold Court martial.

Provided always, and be it enacted

Section XI.

Dans la Grande-Bretagne ou en Irlande, l'amirauté peut nommer le premier, le second ou le troisième commandant dans le port pour tenir les Cours martiales.

Et il est de plus ici ordonné qu'à dater du 25 décembre 1749 inclusivement, le lord grand amiral de la Grande-Bretagne, ou les commissaires nommés pour remplir par intérim cette charge, auront le droit, et par la présente sont autorisés respectivement et de temps en temps, suivant que cela sera nécessaire, à désigner un officier-amiral ou un capitaine de quelqu'un des vaisseaux de guerre de S. M., qui se trouvera dans quelque port de la Grande-Bretagne ou de l'Irlande, pour tenir les Cours martiales dans lesdits ports; pourvu que cet officier amiral, ou capitaine de vaisseau, soit le premier, ou le second, ou le troisième commandant dans lesdits ports, suivant qu'il sera trouvé plus commode et plus avantageux pour le bien du service de S. M.; et l'officier-amiral ou capitaine de vaisseau, qui sera ainsi désigné pour tenir les Cours martiales, les présidera, nonobstant tout ce qui, dans la présente, pourrait y être prescrit de contraire.

Section XII.

Une Cour martiale ne pourra être composée de plus de treize ni de moins de cinq membres les plus anciens, immédiatement après l'officier qui présidera la Cour.

Aucune Cour martiale, qui devra être tenue ou nommée en vertu de la présente loi, ne pourra être composée de plus de treize ni de moins de cinq membres, qui devront être les officiers généraux, capitaines de vaisseau et capitaines de corvette alors sur les lieux, qui seront les plus anciens, immédiatement après l'officier qui présidera la Cour martiale.

Section XIII.

Le nombre des membres qui devront composer une Cour martiale ne pourra être fixé par l'amirauté, ou par l'officier amiral autorisé à assembler des Cours martiales.

Rien de contenu dans la présente loi,

by the authority aforesaid, that nothing herein contained shall extend, or be construed to extend, to authorize and impower the lord high admiral, or the commissioners for executing the office of lord high admiral, or any officer impowered to order or hold courts martial, to direct or ascertain the particular number of persons of which any court martial, to be held or appointed by virtue of this present act, shall consist.

n'ira, ni ne sera interprété aller jusqu'à donner autorité et pouvoir au lord grand-amiral, ou aux commissaires nommés pour remplir la charge du lord grand-amiral, ni à aucun officier autorisé à assembler des Cours martiales, de fixer ou de prononcer le nombre spécial de personnes dont pourra être composée une Cour martiale qui devra être tenue ou assemblée en vertu de la présente loi.

SECTION XIV.

In what case commanders may assist.

Provided always, and it is hereby enacted and declared, that in case any court martial shall, by virtue of this act, be appointed to be held at any place where there are not less than three, nor yet so many as five officers of the degree and denomination of a post captain, or of a superior rank, to be found; then it shall be lawful for the officer, at the place appointed for holding such court martial, who is to preside at the same, to call to his assistance as many of the commanders of his Majesty's vessels, under the rank and degree of a post captain, as together with the post captains then and there present, will make up te number of five, to hold such court martial.

SECTION XIV.

Dans quelle circonstance les capitaines de corvette peuvent être admis.

Dans le cas où une Cour martiale aurait ordre de s'assembler dans un lieu où il n'y aurait pas cinq officiers, pourvu toutefois qu'il y en eût au moins trois, du rang et de la dénomination de capitaine de vaisseau, ou d'un grade supérieur, alors il sera légal pour l'officier qui dans ce lieu devra tenir et présider cette Cour martiale, de se faire assister d'autant de capitaines commandants des bâtiments de S. M., dans le grade inférieur à celui de capitaine de vaisseau qu'il s'en trouverait alors de présents, pourvu que réunis à ceux de ces capitaines qui seraient alors sur les lieux, le nombre de cinq membres pût être formé pour composer ladite Cour martiale.

SECTION XV.

No member to go on shore, before sentence be given.

And it is hereby further enacted, that from and after the twenty-fifth day of december, one thousand seven hundred and forty-nine, no member of any Court Martial, after the trial is begun, shall go on shore till sentence be given, but remain on board the ship in which the Court shall first assemble, except in case of sickness, to be judged of by the Court, upon pain of being cashiered from his Majesty's service; nor shall the proceedings of the said Court be delayed by the absence of any of its members, provided a sufficient number doth remain to compose the

SECTION XV.

Aucun membre d'une Cour martiale ne peut aller à terre avant que le jugement ne soit prononcé (10).

Aucun membre d'une Cour martiale quelconque une fois assemblée, ne pourra avoir la permission d'aller à terre du moment où elle aura commencé ses opérations jusqu'à celui où elle aura prononcé le jugement; mais ils devront tous rester à bord du vaisseau où la Cour se sera assemblée (excepté les cas de maladie que la Cour jugera), sous peine d'être cassés du service de S. M. : et les opérations de ladite Cour ne pourront être retardées par l'absence d'aucun de ses membres, pourvu qu'il en reste un nombre suffisant pour composer ladite Cour, qui (les dimanches toujours ex-

said Court, which shall and is hereby required to sit from day to day (sunday always excepted) until the sentence be given.

ceptés) devra , et par la présente loi est requise de s'assembler de jour en jour jusqu'à ce que le jugement soit prononcé.

SECTION XVI.

Forms of oath to be administered to the officers and the judge advocate.

And it is hereby further enacted, that from and after the twenty-fifth day of december, one thousand seven hundred and forty-nine, upon all trials of offenders by any Court martial, all the officers present, who are to constitute the said Court martial, shall, before they proceed to such trial, take such oath as is herein after mentioned, upon the holy evangelists, before the Court; which oath the judge advocate, or his deputy, or the person appointed to officiate as such, is hereby authorized and required to administer in the words following (that is to say) :

« I, A. B. do swear, that I will duly
» administer justice, according to the
» articles and orders established by an
» act passed in the twenty-second year
» of the reign of his majesty King
» George the second, for amending,
» explaining, and reducing into one
» act of parliament, the laws relating
» to the government of his majesty's
» ships, vessels, and forces by sea, wi-
» thout partiality, favour, or affection ;
» and if any case shall arrise which is not
» particularly mentioned in the said
» articles and orders, I will duly admi-
» nister justice according to my con-
» science, to the best of my unders-
» tanding, and the custom of the navy
» in the like cases; and I do further
» swear, that I will not upon any ac-
» count, at any time whatsoever, dis-
» close or discover the vote or opinion
» of any particular member of the Court
» martial, unless thereunto required by
» act of parliament.

» So help me GOD. »

and so soon as the said oath shall have been administered to the respective members, the president of the Court is hereby authortized and required to ad-

SECTION XVI.

Formules des serments qui doivent être prêtés tant par les juges militaires que par le juge jurisconsulte.

Toutes les fois que des coupables seront traduits à des Cours martiales pour y être jugés, tous les officiers présents qui seront appelés à composer lesdites Cours martiales , devront, avant de commencer leurs opérations , prêter le serment qui est ci-après énoncé, sur les saints évangiles, et devant la Cour : lequel serment le juge jurisconsulte, ou son substitut, ou tout autre individu nommé pour en remplir l'office, est par la présente loi autorisé, et est requis de faire prêter dans les termes suivants :

Moi, A. B. je jure de rendre duement justice conformément au Code pénal adopté par un acte du parlement passé dans la 22ᵉ année du règne du roi Georges II , pour améliorer, développer et réduire en une seule les lois relatives au gouvernement des vaisseaux , bâtiments de guerre et forces navales de S. M. , sans partialité , ni faveur , ni passion ; et que s'il se présente quelque cas qui n'ait pas été spécialement prévu par ledit Code pénal, je rendrai duement justice d'après ma conscience , au mieux de mon intelligence , et en suivant les usages de la marine en pareils cas : et je jure de plus que sous aucun prétexte , ni en aucun temps que ce puisse être , je ne révélerai, ni ne découvrirai le vote ou l'opinion d'aucun des membres quelconques de la Cour, à moins que je n'en sois requis par un acte du parlement.

« Pour ce que Dieu me soit en aide »

Aussitôt que le susdit serment aura été prêté par tous les membres chacun en son particulier, le président de la Cour est par la présente loi , autorisé et est requis

minister to the judge advocate, or the person officiating as such, an oath in the following words :

» I, A B. do swear, that I will not
» upon any account, at any time what-
» soever, disclose or discover the vote
» or opinion of any particular member
» of this Court Martial, unless thereunto
» required by act of parliament.

« So help me GOD. »

de faire prêter au juge jurisconsulte, ou à la personne qui en remplit les fonctions, un serment conçu dans les termes suivants :

» Moi, A. B. , je jure que sous aucun prétexte, en aucun temps quelconque, je ne révélerai ni ne ferai connaître le vote ou l'opinion d'aucun des membres de cette Cour martiale, à moins que je n'en sois requis par un acte du parlement.

» Pour ce, que Dieu me soit en aide. »

Section XVII.

Court may punish persons refusing to give evidence, or prevaricating, or behaving with contempt. Witnesses committing perjury how to be prosecuted.

Section XVII.

La Cour martiale peut punir les personnes qui refuseraient de déposer, ou qui prévariqueraient, ou qui se conduiraient insolemment envers elle. Comment doivent être poursuivis les témoins qui se rendraient parjures.

And it is hereby further enacted, that from and after the twenty-fifth day of december, one thousand seven hundred and forty-nine, in case any person in the fleet, being called upon to give evidence at any Court martial, shall refuse to give his evidence upon oath, or shall prevaricate in his evidence, or behave with contempt to the Court, it shall and may be lawful for such Court martial to punish every such offender by imprisonment, at the discretion of the Court ; such imprisonment not to continue longer than three months, in case of such refusal of prevarication ; not longer than one month in the case of such contempt, and that all and every person and persons who shall commit any wilful perjury, in any evidence or examination, upon oath, at any such Court martial, or who shall corruptly procure or suborn any person to commit such wilful perjury, shall and may be prosecuted in his majesty's Court of king's bench by indictment or information ; and every issue joined in any such indictment or information shall be tried by good and lawful men of the county of Middlesex, or such other county as the said Court of King's Bench shall direct; and all and every person and persons being lawfully convicted upon any such indictment or information, shall be pu-

Si un individu quelconque de la flotte appelé à déposer devant une Cour martiale refuse de le faire sous serment, ou bien prévarique dans ses dépositions, ou bien se conduit avec insolence devant ladite Cour ; ladite Cour devra et pourra condamner tout individu qui se sera rendu ainsi coupable à un emprisonnement dont la durée sera à la discrétion de la Cour, qui toutefois ne pourra le prononcer pour plus de trois mois, dans le cas dudit refus de déposer ou de prévarication, ni pour plus d'un mois dans le cas de conduite insolente ; et toutes les personnes qui volontairement commettront un parjure quelconque lorsqu'elles déposeront ou seront interrogées sous serment ; ou bien qui par séduction produiront ou suborneront quelqu'un qui commettrait un tel parjure volontairement, devront et pourront être poursuivies devant la Cour de S. M., dite le banc du roi, par accusation ou par information ; et toute déclaration insérée dans ladite accusation ou information sera jugée par de bons et loyaux hommes du comté de Middlesex, ou de tout autre comté que la dite Cour du banc du roi désignera ; et toutes les personnes légalement convaincues d'après la dite accusation ou information, seront condamnées aux peines et amendes qui seront prononcées pour

nished with such pains and penalties as are inflicted for the like offences respectively by two acts of parliament, the one made in the fifth year of the reign of queen Elizabeth, intituled, » an act for punishment of such persons as shall procure or commit any wilful perjury ; » and the other made in the second year of the reign of his present majesty, intituled, « an act for the more effectual preventing and further punishment of forgery, perjury, and subornation of perjury; and to make it felony to steal bonds, notes, or other securities for payment of money. »

de semblables offenses par deux actes du parlement : l'un passé dans la cinquième année du règne d'Elisabeth intitulé : « acte pour punir les personnes qui commettront ou produiront aucun parjure « volontaire » : et l'autre passé dans la seconde année du règne de S. M. actuelle, intitulé : « acte pour prévenir plus « efficacement, et punir plus fortement, « les crimes de faux, de parjure et de subornation pour le parjure; et pour déclarer félonie l'action de voler les obligations, des billets, ou autres sûretés « données pour payement en argent (11).

Section XVIII.

The offence only to be set forth in any information.

And be it further enacted by the authority aforesaid, that in every information or indictment to be prosecuted by virtue of this act for any such offence, it shall be sufficient to set forth the offence charged upon the defendant, without setting forth the commission or authority for holding the Court martial, and without setting forth the particular matter tried or to be tried, or directed or intended to be tried, before such Court.

Section XVIII.

L'information ne pourra énoncer que l'offense dont il s'agira.

Il est de plus ordonné, par l'autorité ci-dessus indiquée, que dans toute information ou accusation qui devra être jugée en vertu du présent acte, relativement à toute offense susdite, il suffira d'énoncer l'offense dont le prévenu sera accusé, sans qu'il soit nécessaire d'y énoncer la commission ou l'autorité en vertu de laquelle la cour martiale était tenue, et sans qu'il soit non plus nécessaire d'y énoncer l'objet particulier qu'on jugeait ou qui devait être jugé, ou qu'il était ordonné ou projeté de faire juger par ladite cour.

Section XIX.

Sentences of death (except in cases of mutiny) not to be executed without directions from the admiralty, etc.

And it is hereby further enacted, that from and after the twenty-fifth day of december, one thousand seven hundred and forty-nine, no sentence of death given by any Court martial held within the narrow seas (except in case of mutiny) shall be put in execution till after the report of the proceedings of the said Court shall have been made to the lord high admiral, or the commissioners for executing the office of lord high admiral, and his or their directions shall have been given therein; and if the said Court shall have been held beyond the narrow seas, then such sentence of death shall not be carried into execution, but by or-

Section XIX.

Excepté les cas de révolte, aucune sentence de mort ne devra être exécutée, sans que l'amirauté ne l'ait ordonné.

Excepté dans les cas de révolte, aucune sentence de mort prononcée par une Cour martiale tenue dans l'étendue de la juridiction de l'amirauté (12) ne sera mise à exécution avant que l'ordre n'en ait été donné par le lord grand amiral ou par les commissaires nommés pour remplir la charge du lord grand amiral, sur le rapport qui lui ou leur serait fait des opérations de ladite cour martiale : si ladite Cour a été tenue hors de l'étendue de la juridiction de l'amirauté, alors ladite sentence de mort ne sera mise à exécution que sur l'ordre du commandant en chef de l'armée navale ou de l'escadre dans laquelle ladite

der of the commander of the fleet or squadron wherein sentence was passed; and in cases where sentence of death shall be passed in any squadron, detached from any other fleet or squadron upon a separate service, then such sentence of death (*except in cases of mutiny*) shall not be put in execution, but by order of the commander of the fleet or squadron from which such detachment shall have been made, or of the lord high admiral, or commissioners for executing the office of lord high admiral; and in cases where sentence of death shall be passed in any Court martial held by the senior officer of five or more of his Majesty's ships, which shall happen to meet together in foreign parts pursuant to the power herein before given, then such sentence of death (*except in cases of mutiny*) shall not be carried into execution, but by order of the lord high admiral, or commissioners for executing the office of lord high admiral.

sentence aura été prononcée. Dans le cas où elle aura été prononcée dans une escadre ou division détachée de quelque armée ou escadre pour une mission particulière; alors cette sentence excepté dans les cas de révolte) ne sera mise à exécution que sur l'ordre du commandant en chef de l'armée dont ladite division aura été détachée, ou bien sur l'ordre du lord grand amiral, ou sur l'ordre des commissaires chargés de remplir les fonctions du lord grand amiral; et dans le cas où une pareille sentence de mort aura été prononcée par une cour martiale assemblée par l'ordre du plus ancien officier commandant cinq ou un plus grand nombre de vaisseaux de S. M. accidentellement réunis hors du Royaume, et qui par la présente loi est dans ce cas autorisé à assembler des cours martiales, cette dite sentence (toujours excepté le cas de révolte) ne pourra être exécutée que sur l'ordre du lord grand amiral, ou sur l'ordre des commissaires chargés de remplir les fonctions du lord grand amiral.

Section XX.

Judge advocate to administer oath to witnesses.

And be it further enacted and declared, that, from and after the twenty-fifth day of december, one thousand seven hundred and forty-nine, the judge advocate of any fleet for the time being, or his deputy, shall have full power and authority, and is hereby required to administer an oath to any witnesses at any trial by Court martial : and in the absence of the judge advocate and his deputy, the Court martial shall have full power and authority to appoint any person to execute the office of judge advocate.

Section XX.

Le juge jurisconsulte devra faire prêter serment aux témoins (13).

Le juge jurisconsulte en fonctions attaché à une armée navale ou son substitut aura plein pouvoir, ainsi que l'autorité, et sera requis par la présente loi de faire prêter serment à tous les témoins appelés à déposer dans un procès fait devant une cour martiale ; et en l'absence du juge jurisconsulte ou de son substitut la cour martiale aura plein pouvoir et autorité de nommer quelqu'un pour remplir les fonctions du juge jurisconsulte.

Section XXI.

This act to be in force with regard to the crews of ships lost. Pay of such ships reserved.

And be it further enacted by the authority aforesaid, that, from and after the twenty-fifth day of december, one

Section XXI.

La présente loi devra être observée à l'égard des vaisseaux perdus. — La paie des équipages de ces vaisseaux devra être réservée.

Tous les pouvoirs donnés par les divers articles et ordres consignés au présent acte subsisteront et conserveront

thousand seven hundred and forty-nine, all the powers given by the several articles and orders established by this act, shall remain and be in full force with respect to the crews of such of his Majesty's ships as shall be wrecked, or be otherwise lost or destroyed ; and all the command, power, and authority given to the officers of the said ship or ships, shall remain and be in full force as effectually as if such ship or ships to which they did belong were not so wrecked, lost, or destroyed, until they shall be regularly discharged from his Majesty's further service, or removed into some other of his Majesty's ships of war ; or until a Court martial shall be held, pursuant to the custom of the navy in such cases, to enquire into the causes of the loss of the said ship or ships : and if upon such enquiry it shall appear, by the sentence of the Court martial, that all or any of the officers or seamen of the said ship or ships did their utmost to preserve, get off, or recover the said ship or ships, and since the loss thereof have behaved themselves obedient to their superior officers, according to the discipline of the navy, and the said articles and orders hereinbefore established, then all the pay and wages of the said officers and seamen, or of such of them as shall have done their duty as aforesaid, shall continue and go on, and be paid to the time of their discharge or death ; or if they shall be then alive to the time of the holding of such Court martial, or removal into some other of his Majesty's ships of war ; and every such officer and seaman of his Majesty's ships of war, who, after the wreck or loss of his ship, shall act contrary to the discipline of the navy, and the several articles and orders hereinbefore established, or any of them shall be sentenced by the said Court martial, and punished as if the ship to which he did belong was not so wrecked lost, or destroyed.

toute leur force à l'égard des équipages de ceux des bâtiments de S. M. qui seront perdus ou détruits par toute autre cause. Tout le commandement, le pouvoir et l'autorité donnés aux officiers de ces bâtiments continueront d'avoir toute leur force aussi efficacement que si les bâtiments auxquels ils appartiennent n'étaient pas naufragés, perdus ou détruits, jusqu'à ce que ces équipages soient régulièrement congédiés du service de S. M. ou bien soient fait passer sur quelque autre vaisseau de guerre de S. M. ou bien jusqu'à ce qu'une cour martiale n'ait été tenue ainsi que c'est d'usage dans la marine en pareille circonstance, pour s'enquérir des causes qui ont occasioné la perte desdits bâtiments; et si à la fin de cette enquête, il paraît par le jugement qui serait prononcé par ladite cour martiale que tous les officiers et les marins desdits bâtiments (ou quelques-uns d'eux) ont fait tout leur possible pour conserver, remettre à flot ou en état lesdits bâtiments, et que depuis leur perte, ils se sont conduits avec obéissance envers leurs officiers supérieurs, et conformément à ce qui est prescrit dans le code ci-dessus pour la discline de la marine alors toute la solde et les gages desdits officiers et matelots ou celle de ceux qui auront rempli leur devoir comme il vient d'être dit continuera, courra et sera payée jusqu'au moment où ils seront congédiés, ou bien jusqu'à celui de leur mort ; ou s'ils sont alors vivants, jusqu'au moment où sera tenue ladite cour martiale, ou leur destination sur quelque autre bâtiment de guerre de S. M.; et tout officier et matelot appartenant à quelqu'un des bâtiments de guerre de S. M. qui après le naufrage, ou la perte de toute autre manière du bâtiment sur lequel il serait embarqué, qui se conduira d'une manière contraire à la discipline de la marine et au code pénal ci-dessus établi, ou à quelqu'un de ses articles, sera jugé par ladite cour martiale qui le condamnera comme si le vaisseau auquel il appartenait n'eût pas été naufragé, ou autrement perdu ou détruit.

Section XXII.

Continuance of wages to men belonging to ships taken by the enemy.

And be it further enacted, that, from and after the said twenty-fifth day of december, one thousand seven hundred and forty-nine, all the pay and wages of such officers and seamen of any of his majesty's ships as are taken by the enemy, and upon enquiry at a Court martial, shall appear, by the sentence of the said Court, to have done their utmost to defend the said ship or ships, and since the taking thereof, to have behaved themselves obediently to their superior officers, according to the discipline of the navy, and the said articles and orders hereinbefore established, shall continue and go on and be paid, from the time of their being so taken, to the time of the holding of such Court martial, or until they shall be regularly discharged from his majesty's service, or removed into some other of his majesty's ships of war or (if they shall die in captivity, or not live to the time of the holding of such Court martial) to the time of their death in such manner, and not otherwise, as if the said ship or ships to which they did belong respectively, was not, or were not, so taken.

Section XXIII.

Persons not to be tried after a certain time.

Provided always, and be it further enacted, that no person or persons, not flying from justice, shall be tried or punished by any Court martial for any offence to be committed against this act, unless the complaint of such offence be made in writing to the lord high admiral, or to the commissioners for executing the office of lord high admiral for the time being, or any commander in chief of his majesty's squadrons of ships impowered to hold Courts martial, or unless a Court martial to try such offen-

Section XXII.

Continuation de paye pour les hommes appartenant aux bâtiments pris par l'ennemi.

La paye entière et les gages de ceux des officiers et marins de touts bâtiments de S. M., que l'ennemi prendrait, et qui, d'après l'enquête faite par une Cour martiale, paraîtront, par le jugement de ladite Cour, avoir fait tous leurs efforts pour défendre lesdits bâtiments, et qui, depuis le moment où ils auraient été pris, paraîtront s'être conduits avec obéissance envers leurs officiers supérieurs, conformément à la discipline établie dans la marine, ainsi qu'au Code pénal ci-dessus, seront continués, courront et seront payés du moment où ils auront été pris, jusqu'au moment où serait tenue ladite Cour martiale, ou bien jusqu'à ce qu'ils soient régulièrement congédiés du service de S. M.; ou bien jusqu'à ce qu'ils soient destinés sur quelque autre vaisseau de guerre de S. M.; ou bien (s'ils sont morts étant prisonniers, ou s'ils n'ont pas vécu jusqu'au jour de la tenue de ladite Cour martiale) jusqu'au jour de leur mort, de la même manière et non autrement que si lesdits bâtiments, auxquels ils appartenaient, n'eussent pas été pris.

Section XXIII.

On ne pourra être mis en jugement après qu'un certain laps de temps se sera écoulé depuis que le crime ou délit aura été commis.

Aucun individu qui ne se sera pas soustrait à la justice, ne pourra être jugé ni puni par aucune Cour martiale pour aucune offense commise en violation de la présente loi, à moins qu'il n'en ait été porté, par écrit, plainte au lord grand amiral en fonctions, ou aux commissaires chargés par intérim de remplir les fonctions de grand amiral, ou à quelque commandant en chef d'une escadre ou de vaisseaux de S. M. autorisé à faire assembler des Cours martiales, et à moins que l'ordre de tenir une Cour martiale

5

der shall be ordered by the said lord high admiral, or the said commissioners, or the said commander in chief, either within three years after such offence shall be committed, or within one year after the return of the ship, or of the squadron to which such offender shall belong, into any of the ports of Great Britain or Ireland, or within one year after the return of such offender into Great Britain or Ireland.

pour juger ce coupable, ne soit donné par ledit grand amiral, ou par lesdits commissaires, ou par ledit commandant en chef, soit dans les trois années qui suivront l'offense commise, soit dans l'année qui suivra le retour dans un des ports de la Grande-Bretagne ou de l'Irlande, du vaisseau ou de l'escadre sur laquelle le coupable était embarqué, soit dans l'année qui suivra le retour dudit coupable en Angleterre ou en Irlande.

Section XXIV.

Penalty on officers receiving on board any goods contrary to article 18 of this act. — Application of the forfeiture. — Method of recovery. — The Court to certify to the lords of the admiralty the judgement.

Section XXIV.

Amende imposée aux officiers qui recevront à bord aucune marchandise, en transgression de l'article 18 de la présente loi; — Destination de ces amendes, Moyen de les percevoir; — Le tribunal qui les prononcera devra transmettre une copie certifiée du jugement aux lords de l'amirauté.

And whereas by the said act, intituled, " An act for the more effectual suppressing of piracy," it is, amongst other things, enacted in the following words, that the said captain, commander, or other officer of the said ship or vessel of war, and all and every the owners and proprietors of such goods and merchandizes, put on board such ship or vessel of war as aforesaid, shall lose, forfeit and pay the value of all and every such goods and merchandizes, so put on board as aforesaid; one moiety of such full value to such person or persons as shall make the first discovery, and give information of or concerning the said offence; the other moiety of such full value to and for the use of Greenwich hospital; all which forfeitures shall and may be sued for and recovered in the high Court of admiralty: now, for making the said in part recited act, more useful and effectual be it enacted by the authority aforesaid, that, from and after the twenty-fifth day of december, one thousand seven hundred and forty-nine, if any captain, commander, or other officer of any of his majesty's ships or vessel, shall receive on board, or permit or suffer to be received on board such ship or vessel, any goods or merchandizes, contrary to the true intent and meaning of the eighteenth article, in this act before men-

Et attendu que par l'acte déjà cité, intitulé : « Acte pour supprimer plus efficacement la piraterie, il est, entre autres choses, ordonné par les expressions suivantes : » que ledit capitaine, ou commandant, ou tout autre officier dudit vaisseau ou bâtiment de guerre, ainsi que tous et chacun des maîtres et propriétaires desdits effets ou marchandises embarqués sur lesdits vaisseaux ou bâtiments de guerre, ainsi qu'il vient d'être dit, perdront, auront de confisqué, et paieront la valeur de tous et chacun de ces effets et marchandises, ainsi qu'il vient d'être prescrit une moitié de toute cette valeur sera payée à la personne (ou aux personnes s'il y en a plusieurs) qui la première fera la découverte de cette offense, ou bien donnerait l'information de cette offense, ou l'information qui la concernerait : l'autre moitié sera affectée à l'hôpital de Greenwich et pour son service; toutes lesquelles confiscations seront poursuivies et obtenues à la haute Cour d'amirauté..... Maintenant, pour rendre plus utile et plus efficace cet acte cité en partie, il est ordonné, par l'autorité ci-devant désignée, qu'à dater du vingt-cinquième jour de décembre 1749 inclusivement, si un capitaine de vaisseau, capitaine de frégate, ou tout autre officier d'un vaisseau on autre bâtiment de guerre de S. M. reçoit

tioned and hereby enacted, every such captain, commander, or other officer, shall, for every such offence, over and above any punishment inflicted by this act, forfeit and pay the value of all and every such goods and merchandizes so received or permitted, or suffered to be received on board as aforesaid, or the sum of five hundred pounds of lawful money of Great Britain, at the election of the informer, or person who shall sue for the same, so that no more than one of these penalties or forfeitures shall be sued for and recovered by virtue of this and the said in part recited act, or either of them, against the same person for one and the same offence; one moiety of which penalties or forfeitures shall be forfeited and paid to the person who shall inform or sue for the same, and the other moiety thereof to and for the use of the royal hospital at Greenwich; which forfeiture shall be sued for and recovered by action of debt, bill, plaint, or information, in any of his majesty's Courts of record at Westminster, or in the high Court of admiralty, at the election of the informer, or person who shall sue for the same; and the Court shall award such costs to the parties as shall be just; and in all cases where judgment or sentence shall be given against any such offender, the Court, where such judgment or sentence shall be given, shall, with all convenient speed, certify the same to the lord high admiral, or to the commissioners for executing the said office.

ou permet, ou souffre qu'on reçoive à bord dudit vaisseau ou bâtiment aucuns effets ou marchandises, en violation du vrai sens et du véritable but du dix-huitième article du présent acte ci-dessus mentionné et ici rappelé, ledit capitaine de vaisseau ou de frégate, ou tout autre officier sera, pour chacune de ces offenses, en outre et en sus de la peine qui devra lui être infligée d'après le présent acte, condamné à payer la valeur de tous et chacun desdits effets ou marchandises qu'on aura ainsi reçus, ou qu'on aura permis, ou qu'on aura souffert de recevoir à bord, ainsi qu'il vient d'être dit ; ou bien à payer la somme de cinq cents livres sterlings , monnaie d'Angleterre, au choix du dénonciateur, ou de la personne qui poursuivra au nom de ce dernier ; de manière cependant qu'il n'y ait qu'une de ces amendes ou confiscations qui , en vertu du présent acte et de celui en partie rappelé, puisse être demandée et obtenue contre la même personne pour une seule et même personne ; une moitié desquelles dites amendes ou confiscations sera adjugée et payée au dénonciateur, ou à la personne qui poursuivra en son nom, et l'autre moitié à l'hôpital de Greenwich et pour son service ; laquelle confiscation sera sollicitée et sera obtenue de la même manière que la demande du paiement d'une dette, ou d'un billet à ordre, ou bien qu'une plainte ou une dénonciation portée devant quelqu'une des principales Cours de S. M., siégeant à Westminster, ou devant la haute Cour d'amirauté, au choix du dénonciateur ou de la personne qui poursuivra en son nom ; et la Cour qui aura été saisie de cette affaire, adjugera aux parties tels dépens qu'elle trouvera justes; et, dans tous les cas où un jugement ou bien une sentence seront rendus contre un pareil coupable, la Cour qui aura rendu le jugement ou aura prononcé la sentence, en informera aussi promptement que possible et authentiquement le lord grand amiral ou les lords commissaires chargés de remplir par intérim les fonctions du lord grand amiral (14).

Section **XXV.**

Limitation of the powers of this act.

Provided always, that nothing in this act contained shall extend, or be construed to extend, to take away from the lord high admiral of Great Britain, or the commissioners for executing the office of lord high admiral of Great Britain, or any vice admiral, or any judge or judges of the admiralty, or his or their deputy or deputies, or any other officers or ministers of the admiralty, or any others having or claiming any admiral power, jurisdiction, or authority within this realm, or any other the king's dominions, or from any person or Court whatsoever, any power, right, jurisdiction, preeminence, or authority, which he or they, or any of them, lawfully hath, have, or had, or ought to have and enjoy, before the making of this act, so as the same person shall not be punished twice for the same offence.

Section **XXV.**

Limites des pouvoirs conférés par cette loi.

Pourvu toujours que rien contenu dans cet acte n'aille ou ne soit interprété aller jusqu'à enlever au lord grand amiral de l'Angleterre, ou aux commissaires chargés de remplir les fonctions de lord grand amiral d'Angleterre, ou à aucun vice-amiral, ou à aucun juge, ou à aucuns juges de l'amirauté, ou à aucun substitut, ou à aucuns substituts dudit grand amiral, ou desdits commissaires ou desdits juges, ou à aucuns autres officiers ou ministres de l'amirauté, ou à aucunes autres personnes quelconques ayant ou réclamant aucun pouvoir, ou aucune juridiction, ou aucune autorité d'amiral dans ce royaume, ou dans toute autre partie des états de S. M., ou de toute personne ou cour que ce puisse être, aucun pouvoir, droit, juridiction, prééminence ou autorité dont les personnes ou les cours indiquées ci-dessus, ou quelqu'une d'elles aurait, ou aurait eu, ou doit avoir, ou bien devrait avoir légalement la possession ainsi que la jouissance, de manière à ce qu'un même individu ne puisse pas être puni deux fois pour la même offense (15).

Section **XXVI.**

Repeal of the recited statutes not to avoid any prosecutions for offences committed on or before the 25 of december 1749.

Provided nevertheless, and be it enacted, that the repeal of the said before recited statutes, or any part thereof, or any thing herein contained, shall not extend, or be deemed to extend, to discharge or avoid, or prevent any prosecution or suit commenced, or at any time hereafter to be commenced, against any person or persons, for any offence committed on or before the said twenty-fifth day of december, one thousand seven hundred and forty-nine, or to be committed against the said statutes, or any part or parts thereof, but that all persons who have been, or shall, before

Section **XXVI.**

La révocation des statuts indiqués ne devra pas annuler la poursuite des crimes ou délits commis antérieurement au 25 décembre 1749 inclus (16).

Etant entendu toutefois, ainsi qu'il est ordonné, que la révocation desdits statuts ci-dessus indiqués, ainsi que celle d'aucune de leurs parties et celle d'aucune disposition qu'ils contiendraient, ne s'étend ni ne soit considérée s'étendre jusqu'à faire cesser, annuler ou empêcher aucune poursuite ou aucune procédure déjà entamée, ou qui devrait l'être, en aucun temps quelconque ultérieur, contre toutes personnes que ce puisse être, pour aucun crime ou délit commis avant ledit 25 décembre 1749 inclus, ou qui serait commis en violation desdits sta-

the said twenty-fifth day of december, be guilty of any such offence, shall and may be prosecuted, sued, condemned, and punished for the same, as well after as before the said twenty-fifth day of december, as if the said statutes had not been repealed *.

tuts ou d'aucune de leurs parties; mais que toutes personnes qui ont été ou seront, avant ledit 25 décembre 1749, coupables d'aucuns desdits crimes ou délits, pourront et devront être poursuivies, leur procès fait, être condamnées et punies pour ces crimes ou délits, aussi bien après qu'auparavant, ledit 25 décembre 1749, comme si lesdits statuts n'avaient pas été invoqués.

---

* Extended to lakes and rivers in North America, by the 29th George II. Chap. 27.

Nota. Cette section a été appliquée dans la 29e année du règne de Georges deux, chap. 27, sur les lacs et les rivières dans l'Amérique du Nord.

FIN DE LA SECONDE PARTIE.

MODIFICATIONS

ANNO DECIMO NONO	DIX NEUVIEME ANNEE
Georges III, regis.	*Du règne de Georges III (1779).*
An act to explain and amend an act, made in the twenty-second year of the reign of his late Majesty king George the second, intituled « an act for amending, « plaining, and reducing into one « act of parliament, the laws re- « lating to the government of his « Majesty's ships, vessels, and « forces by sea ».	*Loi pour développer et modifier la loi passée dans la 22ᵉ année du règne de S. M. le feu roi Georges II, intitulée « loi pour améliorer et réunir en une seule, les lois relatives à la discipline des vaisseaux, bâtiments de guerre et autres forces navales de S. M.*

PREAMBLE	PREAMBULE.
Recital of an act 22 George II.	*Citation de la loi passée en 1749.*
Whereas by an act, made in the twenty-second year of the reign of his late majesty king George the second, intituled, « An act for amending, explaining, and reducing into one act of parliament, the laws relating to the government of his majesty's ships, vessels, and forces by sea; » it is, among other things, enacted, that, from and after the twenty-fifth day of december, one thousand seven hundred and forty-nine, no member of any Court Martial, after the trial is begun, shall go on shore till sentence be given, but remain on board the ship in which the Court shall first assemble,	Attendu que par une loi passée dans la 22ᵉ année du règne de feu S. M. le roi Georges II (1749) intitulée « loi pour modifier, développer et réunir en une seule, les lois relatives à la discipline des vaisseaux, bâtiments de guerre et autres forces navales de S. M., il est ordonné, entre autres choses, qu'à dater du 25 décembre 1749 inclusivement aucun membre d'une Cour martiale ne pourra, sous peine d'être cassé du service de S. M., aller à terre, lorsqu'un procès sera commencé, avant que le jugement ne soit prononcé : mais que chacun d'eux devra rester à

except in case of sickness, to be judged of by the Court, upon pain of being cashiered from his majesty's service; nor shall the proceedings of the said Court be delayed by the absence of any of its members, provided a sufficient number doth remain to compose the said Court, which shall, and is thereby required to sit from day to day (sunday always excepted) until the sentence be given : and whereas it hath been found by experience, that the confining members of Courts Martial to the ship in which such Courts Martial shall first assemble, until sentence be given, hath been attended with great inconveniencies and prejudice to the health of officers summoned to attended as members of Courts Martial; and it is highly necessary and expedient that such inconveniencies should be prevented in future;

« Part of the said act repealed ».

May it therefore please your majesty, that it may be enacted; and be it enacted by the king's most excellent majesty, by and whith the advice and consent of the lords spiritual and temporal, and commons, in this present parliament assembled, and by the authority of the same, that so much and such part of the said recited act as directs that no member of any Court Martial, after the trial is begun, shall go on shore till sentence be given, but remain on board the ship in which the Court shall first assemble, except in case of sickness, to be judged of by the Court, upon pain of being cashiered from his majesty's service ; and that the proceedings of the said Court shall not be delayed by the absence of any of its members, provided a sufficient number doth remain to compose the said Court, which is thereby required to sit from day to day (sunday always excepted) until the sentence be given , shall be, and the same is hereby repealed and made void, to all intents and purposes whatsoever.

bord du vaisseau où la Cour se sera assemblée le premier jour, excepté dans les cas de maladie dont la Cour sera juge ; et que les opérations de ladite Cour ne devront pas être retardées par l'absence d'aucuns de ses membres, pourvu qu'il en reste un nombre suffisant ;pour composer ladite Cour, qui devra, ainsi qu'il le lui est ordonné par la présente loi, continuer à siéger de jour en jour (le dimanche excepté) jusqu'à ce que le jugement soit prononcé ; et attendu que l'expérience a fait reconnaître qu'en assujettissant les membres des Cours martiales à rester à bord du vaisseau où ces Cours se sont assemblées le premier jour, il en est résulté de grands inconvénients et un grand préjudice pour la santé des officiers obligés de se présenter comme membres des Cours martiales, et qu'il est très urgent, ainsi que très utile qu'à l'avenir ces inconvéniens n'existent plus.

« Partie de ladite loi annulée ».

En conséquence, votre très gracieuse Majesté est suppliée de permettre qu'il soit ordonné, ainsi qu'il est ordonné par sa très gracieuse Majesté, sur et avec l'avis, ainsi que du consentement des lords spirituels et temporels, et des communes assemblés dans le parlement actuellement siégeant, et par la même autorité, que toute la partie de ladite loi qui vient d'être citée, et qui prescrit qu'aucun membre d'une Cour martiale ne pourra, sous peine d'être cassé du service de S. M., aller à terre dès qu'un procès sera commencé tant que le jugement ne sera pas prononcé, mais devra rester à bord du vaisseau où la Cour se sera assemblée le premier jour, excepté les cas de maladie dont la Cour sera juge : et que les opérations de ladite Cour ne devront point être retardées par l'absence d'aucun de ses membres, pourvu qu'il en reste un nombre suffisant pour composer ladite Cour qui devra ainsi qu'elle en est requise par la présente loi, continuer à siéger de jour en jour (le dimanche toujours excepté) jusqu'à ce que le jugement soit prononcé, soit à l'avenir, ainsi que par la présente loi elle l'est, révoquée et annullée dans tous ses effets.

Proceedings of Courts martial not to be delayed by the absence of any member. — Provided enow remain to make a Court.

« Les opérations des Cours martiales ne devront point être interrompues par l'absence d'aucuns de leurs membres. — Pourvu qu'il en reste assez pour composer une Cour ».

Provided always, and be it enacted, that the proceedings of any Court Martial shall not be delayed by the absence of any of its members, provided that a sufficient number doth remain to compose such Court, which shall, and is hereby required to sit from day to day (sunday always excepted) until the sentence be given; any thing hereinbefore contained to the contrary thereof in any wise notwithstanding :

Il est entendu toujours, ainsi que c'est ordonné, que les opérations d'aucune Cour martiale ne pourront être interrompues par l'absence d'aucun de ses membres, pourvu qu'il en reste un nombre suffisant pour composer une pareille Cour qui devra, ainsi qu'elle en est requise par la présente loi, continuer tous les jours de siéger sans interruption (le dimanche toujours excepté) jusqu'à ce que le jugement soit prononcé : nonobstant tout ce qui ci-dessus prescrit pourrait y être contraire de quelque manière que ce puisse être.

No member to be absent except on some extraordinary occasion.

« Aucun membre ne pourra s'absenter à moins de circonstances extraordinaires.

And no member of the said Court martial shall absent himself from the said Court during the whole course of the trial, upon pain of being cashiered from his majesty's service, except in case of sickness, *or other extraordinary and indispensible occasion, to be judged of by the said Court.*

Et aucun membre de ladite Cour martiale ne pourra s'en absenter, pendant tout le temps que durera le procès, sous peine d'être cassé du service de S. M., excepté dans le cas de maladie, *ou de toute autre circonstance extraordinaire et indispensable que ladite Cour devra juger.*

Two clauses *in the said act* 22 *Georges II, recited and altered.*

Deux articles *de ladite loi passée dans la* 22e *année du règne de Georges II* (1749) *rappelés et modifiés.*

And whereas, by two clauses in the said act, passed in the twenty-second year of the reign of his late Majesty king George the second, it is enacted and declared, that every person in the fleet, who through cowardice, negligence, or disaffection, shall, in time of action, withdraw or keep back, or not come into the fight or engagement, or shall not do his utmost to take or destroy every ship which it shall be his duty to engage, and to assist and relieve all and every of his Majesty's ships, or those of his allies, which it shall be his duty to assist and relieve, and being convicted thereof by the sentence of a Court martial, shall suffer death; and also that every person in the fleet, who throug cowardice, negligence, or disaffection, shall forbear to pursue the chase of any

Et attendu que par deux articles de ladite loi passée dans la 22e année du règne de feu S. M. Georges II, il est ordonné et déclaré que tout individu embarqué sur la flotte qui, par lâcheté, négligence ou déloyauté dans le moment d'un combat, se retirera, ou bien se tiendra en arrière, ou bien ne prendra pas part au combat ou à l'engagement, ou bien ne fera pas tous ses efforts pour prendre ou détruire tout bâtiment qu'il aurait été de son devoir de combattre, ou bien pour secourir ou pour dégager tous et un chacun des bâtiments de S. M. ou de ceux de ses alliés qu'il aurait été de son devoir de secourir ou de dégager, et qui en sera convaincu par jugement d'une Cour martiale, sera condamné à mort. Et aussi que tout individu embarqué sur la flotte, qui par lâcheté, négligence ou déloyauté

enemy, pirate, or rebel, beaten or flying, or shall not relieve or assist a known friend in view, to the utmost of his power, and being convicted of any such offence by the sentence of a Court martial, shall suffer death : and whereas the restraining of the power of the Court martial to the inflicting of the punishment of death, in the several cases recited in the said clauses, may be attended with great hardship and inconvenience ; be it enacted, that, from and after the passing of this act, it shall and may be lawful, in the several cases recited in the said clauses, for the Court martial to pronounce sentence of death, *or to inflict such other punishment as the nature and degree of the offence shall be found to deserve.*

s'abstiendra de continuer à chasser un ennemi, pirate ou rebelle, battu et fuyant : ou bien qui ne dégagera pas ou ne secourera pas de tout son possible un bâtiment reconnu ami qui serait en vue ; et qui serait convaincu de l'un de ces crimes, par jugement d'une Cour martiale, sera condamné à mort ; et attendu qu'en restreignant le pouvoir de la Cour martiale à l'obligation de prononcer la peine de mort dans les diverses circoustances énoncées auxdits articles, il peut en résulter de grands embarras et beaucoup d'inconvénients, il est ordonné qu'à dater du jour où la présente loi sera passée, il sera et il est légal pour la Cour martiale de prononcer la peine de mort, *ou bien d'infliger toute autre peine que la nature et la gravité du crime seront trouvées mériter* (17).

FIN DES MODIFICATIONS.

ORDONNANCE

RELATIVE AUX COURS MARTIALES.

NOTA. Le chapitre qu'on donne ici est extrait de ce qu'en France nous appellerions « *les Ordonnances de la Marine* » qui en Angleterre sont intitulées « *General Regulations of the naval service*» (Réglements généraux pour le service de la marine) *dont il est le* 36e *chapitre.*

Quoique ces articles ne soient pas compris dans les lois qui précèdent , il m'a semblé qu'ils devraient en faire partie ; et c'est ce motif qui m'a déterminé à les présenter ici, où ils font d'ailleurs le complément du Code pénal de la marine anglaise.

I.

Courts martial are to be assembled and held, offences tried, sentence pronounced, and execution of such sentence to be done, according to the articles and orders contained in an act of parliament made in the 22th of the reign of king George II intitled, « An act for amending, explaining, and reducing, into one act of parliament, the laws relating to the government of his Majesty's ships, vessels, and forces by sea » and, also, an act made in the 19th year of the reign of his present Majesty, intitled « An act to explain and amend the foregoing act. »

In addition to the articles and rules contained in the said acts, the following regulations are to be observed.

I.

« Les Cours martiales seront ordonnées et tenues, les crimes et délits jugés, la sentence prononcée, et ladite sentence exécutée conformément à ce qui est prescrit par les articles et ordres contenus dans un acte du parlement passé dans la 22e année du règne du roi Georges II, intitulé : Loi pour améliorer, développer et réunir en une seule les lois relatives à la discipline qui doit être observée à bord des vaisseaux bâtiments de guerre, et forces navales de S. M. ; et en se conformant aussi à l'acte du parlement passé dans la 19e année du règne de S. M. régnante aujourd'hui, intitulé : Loi pour développer et amender la précédente loi : et de plus, on observera les règles ci-après établies qui sont ajoutées aux articles et ordres contenus dans lesdites lois.

II.

All representations or complaints, intended as the foundation of a Court martial, are to be made in writing ; setting forth the particular facts, when and where, and in what manner, the same were committed

II.

Toutes demandes ou plaintes, destinées à être le sujet d'une Cour martiale, devront être présentées par écrit et indiquer les faits particuliers, quand, où , et comment ils ont eu lieu.

III.

When a Court martial is appointed to be held, the officer, who is to preside thereat, is to take care that a copy of the charge or complaint be delivered to the person accused, as soon as may be, after he shall have received the order to hold such Court martial, and no less than twenty-four hours before the trial.

III.

Lorsqu'il aura été décidé qu'une Cour martiale serait tenue, l'officier qui devra la présider devra veiller à ce que copie de l'accusation ou de la plainte soit remise à la personne accusée, aussitôt qu'il se pourra, après qu'il aura reçu l'ordre de tenir cette Cour martiale, et au moins vingt-quatre heures avant le jour du jugement.

IV.

Courts martial are to be assembled and held in the most convenient and public place of the ship, and all persons, excepting such as are intended to give evidence, are to be admitted.

IV.

Les Cours martiales devront s'assembler et être tenues dans la partie du vaisseau qui sera la plus convenable pour être publique; et excepté les personnes qui devront y être appelées comme témoins, toutes autres devront y être admises.

V.

If any officer, intitled by his rank to sit at a Court martial, be personally concerned in the matter to be tried, he is not to be permitted to be of the number of members, by whom the Court shall be composed.

V.

Si un officier quelconque, ayant droit par son rang à siéger dans une Cour martiale est personnellement intéressé dans le procès dont il s'agit, il ne lui sera point permis de faire partie des membres qui devront composer cette Cour.

VI.

A junior officer, commanding a post-ship, shall in sitting at Courts martial take precedence of his senior officer commanding a sloop.

Captains and commanders, appointed to the temporary command of his Majesty's ships, shall be considered as liable to sit on Courts martial, in the same manner as if they were actually the captains or commanders of such ships. Lieutenants shall not be permitted to sit

VI.

Le capitaine de vaisseau qui commandant un bâtiment affecté au rang de capitaine de vaisseau ferait partie d'une Cour martiale, prendra rang avant celui qui, quoiqu'il soit son ancien sur la liste, ne commanderait qu'une corvette.

Les capitaines de vaisseau et les capitaines de corvette, nommés temporairement au commandement des bâtiments de S. M, devront être considérés comme capables de siéger aux Cours martiales, de même que s'ils commandaient effec-

as members at a Court martial, although they may be in the temporary command of ships by order.

tivement ces bâtiments. Les lieutenants de vaisseau ne pourront point être admis à siéger à ces Cours, quand bien même ils commanderaient momentanément et par ordre ces bâtiments.

VII.

When a Court is assembled, the person to be tried, and also the accuser, if any, are to be brought before them; the judge advocate is to read the warrant, or power authorising the Court to assemble, and, immediately after, to administer to the members, and to take himself, the oath prescribed by the act first-mentioned: he is next to read the charge, or complaint, against the person to be tried, and thereupon the Court may proceed to call witnesses; but, they are not to question the said witnesses until an oath had been administered by the judge advocate in the words following, which the witness is to repeat.

« I, A. B. do most solemnly swear, that in the evidence I shall give before the Court, respecting the present trial, I will, whether demanded of me by question or not, and whether favourable, or unfavourable to the prisoner, declare the truth, the whole truth, and nothing but the truth : so help me God! »

VII.

Lorsque la Cour sera réunie, la personne qui doit être jugée, ainsi que l'accusateur, s'il y en a, seront introduits devant elle. Le juge-jurisconsulte donnera lecture de l'ordre ou du pouvoir, en vertu duquel la Cour est assemblée : il fera prêter aux membres de la Cour, et il prêtera ensuite lui-même le serment qui est indiqué dans la première des lois ci-dessus mentionnées; ensuite il fera la lecture de l'accusation ou de la plainte portée contre la personne qui doit être jugée; et après cette lecture finie, la Cour fera introduire les témoins; mais elle ne devra en questionner aucun, qu'après que le juge-jurisconsulte lui aura fait prêter, dans les termes suivants, le serment que chaque témoin devra répéter.

« Je, un tel, jure, de la manière la plus solennelle, que, dans les dépositions que je vais faire devant la Cour, relativement à ce qui va être jugé, je déclarerai la vérité, toute la vérité, et rien que la vérité, soit que la demande m'en soit ou ne m'en soit pas faite, et sans avoir égard à ce qu'elle serait favorable ou défavorable à l'accusé; et pour ce, que Dieu me soit en aide! »

VIII.

In the examination of witnesses, the following method is to be observed : first, to call such as are in support of the charge, who are to be questioned by the accuser, if any, the Court, or judge advocate, and afterwards by the party upon trial. Such as are produced to invalidate the charge, are next to be examined, and the party accused is to begin with his interrogatories, if he shall think fit. If a question proposed is objected to, the opinion of the Court is to

VIII.

Dans l'interrogatoire des témoins, on devra observer la marche suivante : d'abord appeler ceux des témoins qui doivent déposer à charge, et qui doivent être interrogés par l'accusateur, s'il y en a, ensuite par la Cour ou le juge-jurisconsulte, et puis par l'accusé. Les témoins appelés à décharge doivent être ensuite interrogés, et l'accusé doit être le premier à les interroger, s'il le juge à propos. S'il s'élève quelque difficulté concernant une question à faire, la Cour

be admitted, or dropped, as the majority shall agree.

sera consultée, et l'admission ou le rejet de cette question sera déterminé conformément à ce que la majorité décidera.

IX.

A witness may be called in, as often as the Court, or judge advocate, with the consent thereof, shall think proper : and they may call for and examine any person as a witness whom they think can give information, though not desired by the accuser or accused : it being the duty of the Court to attain the fullest insight they possibly can into the matter before them.

IX.

Les témoins pourront être rappelés aussi souvent que la Cour ou le juge jurisconsulte avec l'agrément de la Cour le jugerait convenable ; et l'une ainsi que l'autre sont autorisés à faire paraître ainsi qu'à examiner comme témoins toutes les personnes qui pourraient leur paraître susceptibles de donner des renseignements , nonobstant que l'accusateur ou l'accusé ne le demanderait pas : le devoir de la Cour étant d'obtenir sur l'objet qui lui est soumis le plus de lumières qu'il lui serait possible.

X.

The judge advocate is to take down, in writing, the evidence given by each witness, and read the same to the Court in his hearing, that in case of a mistake, it may be corrected.

X.

Le juge-jurisconsulte doit tenir note par écrit des dépositions faites par chacun des témoins, et en donner lecture à la Cour devant lui , afin que s'il s'y est glissé quelque erreur , elle puisse être redressée.

X I

When the evidence is closed, the accused person is to be removed, and the accuser and standers-by, are to withdraw. The Court is then to consider the matter in evidence before it, and the judge advocate, by the direction of the Court, is to draw up such questions as shall be agreed upon, whereon to form a determination in regard to the innocence or guilt of the person upon trial. If the party be found guilty of a breach of any of the articles of war established by law, the court is to consider and to determine on the punishment proper to be inflicted conformably thereto. The judge advocate is to draw up the sentence accordingly, being careful to specify therein the charge, or substance of it; and the same is to be signed by every member of the Court by way of attestation, notwhistanding any difference of opinion there may have been among them.

XI.

Lorsque l'interrogatoire des témoins est terminé, l'accusé doit être éloigné; et l'accusateur, ainsi que le public, doivent se retirer ; alors la Cour doit examiner les dépositions qui ont été faites relativement à l'objet qui lui est soumis , et le juge-jurisconsulte, sur l'ordre qu'il en reçoit de la Cour, doit rédiger les questions sur lesquelles elle s'est accordée pour lui servir à déterminer l'innocence ou la culpabilité de l'accusé. S'il est trouvé coupable de la violation de quelqu'un des articles du Code pénal , tel qu'il est établi par la loi , la Cour doit examiner et prononcer la peine qu'il est convenable d'infliger en se conformant audit Code : le juge-jurisconsulte doit rédiger le jugement en conséquence, en ayant soin d'y relater l'accusation ou sa substance, et il doit être signé par tous les membres de la Cour , en forme d'attestation de son exactitude , nonobstant toute différence d'opinion qui aurait pu exister parmi eux à ce sujet.

XII

In taking the opinion of the Court upon all questions, the youngest officer shall vote first, proceeding in order up to the president. And should the members of the Court disagree upon any previous question, and upon a division, the votes to be equal, the point is to be reconsidered : but if an equality of votes still continues, the matter in debate must remain as it stood before the question was put. If there should be an equality upon the main question, whether the charges be proved, or not, ant it continues so after the reconsideration, the favourable construction is to take place.

XII.

Lorsqu'on est dans le cas d'aller aux voix sur une question quelconque, l'officier le plus jeune doit voter le premier, et ainsi de suite en remontant jusqu'au président. Si les membres de la Cour ne sont pas unanimement d'accord sur la position de la question, et qu'après l'avoir mise aux voix il y en ait égalité, l'objet dont il s'agit doit être remis de nouveau en délibération; mais si cette égalité de voix se continue, l'objet en délibération reste dans l'état où il était avant que la question ne fût posée. S'il y a égalité de voix sur la question principale, c'est-à-dire sur la question si l'accusation est ou n'est pas prouvée et qu'après une nouvelle délibération, elle existe encore; dans ce cas, le vote le plus favorable à l'accusé est celui qui doit être admis.

XIII.

The judge advocate is to take minutes of the proceeding of the Court : he is to advise the Court of the proper forms, when there shall be occasion, and to deliver his opinion in any doubts or difficulties that may arise in the course of the trial.

XIII.

Le juge-jurisconsulte doit dresser procès-verbal des opérations de la Cour. Il doit lui indiquer, lorsque l'occasion s'en présente, les formalités qu'il convient d'observer, et émettre son opinion sur tous les doutes ou les difficultés qui peuvent s'élever dans le cours du procès.

XIV.

After the sentence is drawn up, and signed, all persons are to be readmitted; and the party accused being also present, the judge advocate is, by the direction of the Court, to pronounce the same.

XIV.

Après que la sentence est rédigée et signée, le public est admis à rentrer, et lorsque l'accusé a été ramené, le juge-jurisconsulte, sur l'ordre qu'il en reçoit de la Cour, doit en donner la lecture.

XV.

The judge advocate is to send the original sentence, and an attested copy of the minutes of the evidence and proceedings of the Court, to the secretary of the admiralty, by the first opportunity.

XV.

Le juge-jurisconsulte doit envoyer, par la première occasion qui peut s'en présenter, au secrétariat de l'amirauté, l'original de la sentence, et la copie du procès-verbal contenant les dépositions des témoins et les opérations de la Cour.

XVI.

When sentence of death is to be exe-

XVI.

Lorsqu'une sentence de mort doit être

cuted, or other public punishment to be inflicted upon any criminal, notice is to be first given from the ship, by a signal and firing a gun, upon which the captains of all the ships present are to summon their companies upon deck, to be spectators thereof, and to make known to them the crime for which the punishment is inflicted.

exécutée, ou toute autre punition être infligée publiquement à l'égard d'un condamné, le bâtiment, à bord duquel celui-ci est embarqué, doit d'abord le faire savoir par un signal appuyé d'un coup de canon, et, de suite, les capitaines de tous les bâtiments qui sont présents, doivent réunir sur leur pont leurs équipages pour les en rendre spectateurs, et leur faire connaître le crime pour lequel la punition est infligée.

NOTA.

Ayant fait suivre la loi proprement dite le *Code pénal* observé dans la marine anglaise, du chapitre des *ordonnances* qui est relatif à cette loi, il m'a semblé que je ne pouvais pas, en terminant cette publication, me dispenser de présenter les deux documents suivants qui font partie de l'Appendix de l'ouvrage de M. M'arthur, et qui sont les modèles des ordres donnés dans la circonstance qui y est indiquée.

1° CORPORAL PUNISHMENT.

« *To the commander of the ship to which*
« *the prisoner belongs.*

« *By the orders, etc.* »

« A Court martial, held on the instant, on board his majesty's ship (A) for the trial of (BC) a seaman belonging to the ship you command, having sentenced him to receive lashes on his bare back, with a cat-of-nine-tails, a long side such of is majesty's ships and vessels at this port, at such times and in such proportions as shall be directed by the commanding officer of the said ships and vessels for the time being ; you are hereby required and directed, when the signal is made for that purpose on board the (A), to morrow morning, or the first favourable day afterwards (sundays excepted), to cause one of the lieutenants of the said ship you command to attend and see the said sentence put in execution, by the said (BC) receiving twenty lashes a long side such of his majesty's ships named in the margin. (The ship's name to which the prisoner belongs is always to be put in the margin, with the others ; but in case the number should not fall even, he his to receive the odd lashes on board his own ship, and the

1° PUNITION CORPORELLE.

Au commandant du bâtiment dont le condamné fait partie de l'équipage.

Conformément aux ordres, etc., etc.

Une Cour martiale, tenue le   du courant, à bord du vaisseau de S. M. (A), pour juger le nommé (BC), marin, faisant partie de l'équipage du bâtiment que vous commandez, ayant condamné cet homme à recevoir sur son dos nu ** cents coups sanglés, avec un fouet à neuf branches, le long de tels vaisseaux et autres bâtiments de S. M. qui se trouvent dans ce port, à tels jours, ainsi que dans telles proportions que le jugera convenable et que l'ordonnera l'officier qui commandera à ce moment lesdits vaisseaux et autres bâtiments, vous êtes requis et il vous est ordonné par la présente, lorsque le signal en sera fait à bord dudit vaisseau (A), demain matin, ou tel premier jour après qui serait favorable (le dimanche excepté) d'ordonner à un des lieutenants du bâtiment que vous commandez d'être présent, et de veiller à ce que ladite sentence soit exécutée, en faisant recevoir audit (BC) vingt coups de fouet le long des bâtiments de S. M. indiqués en marge. (*Le nom du*

words in the order are as follow « *and along side the ship you command* » you are to cause him to receive, « *twenty five, or more, or less, lashes* »). And you will receive here with a copy of the sentence, to be publickly read, by the provost marshal, along side each ship respectively.

bâtiment auquel le condamné appartient doit toujours faire partie de ceux qu'on a indiqués; mais dans le cas où, par le nombre des bâtiments présents, le nombre de coups de fouet ordonné ne pourrait pas se trouver également partagé, le condamné devra recevoir les coups excédants à bord de son propre bâtiment; et en conséquence, les expressions consignées dans l'ordre doivent être conçues comme suit : « ET LE LONG DU BATIMENT QUE VOUS COMMANDEZ, *vous ordonnerez qu'il reçoive* VINGT-CINQ OU PLUS OU MOINS DE COUPS.*

» *Il vous sera aussi adressé avec la présente une copie du jugement qui devra être publiquement lu par le prévôt de la flotte le long de chacun desdits bâtiments.*

» Given, etc.

Signed, etc.

Donné, etc.

» *Signé*, etc.

2" » *To the captain of such ship, etc.*

2° » *Au capitaine de tel bâtiment.* » (*)

BY AN ORDER, ETC.

2° ETC., PAR ORDRE, ETC.

« Whereas I have, by an order of this date, directed you to cause one of the lieutenants of his majesty's ship under your command, to see the sentence of the Court martial on (BC) belonging to the same ship, put in execution : but as I would not have more of the said punishment inflicted upon him, at one time, than he is able to bear, and as the lieutenant may not be a proper judge of the prisoner's case, you are hereby required and directed to cause the surgeon of the said ship to attend in the boat with the lieutenant for that purpose, as well as one of his mates, in the long boat, with the prisoner, and you are to give the lieutenant directions to stop the punishment till further orders, when the surgeon shall give it as his opinion, that he cannot beard any more with safety, and return on board with the prisoner. »

Attendu que, par un ordre à vous adressé en date de ce jour, je vous ai prescrit d'ordonner à un des lieutenants du bâtiment que vous commandez, de veiller à ce que la sentence prononcée par la Cour martiale contre le nommé (BC), appartenant audit bâtiment, soit exécutée ; mais comme je ne voudrais pas qu'il lui fût fait subir dans une seule fois une plus forte peine de sa peine qu'il ne pourrait la supporter ; et comme ce lieutenant peut n'être pas lui-même capable de juger l'état du condamné à cet égard, vous êtes requis, et il vous est ordonné par la présente, d'enjoindre au chirurgien-major dudit bâtiment, d'accompagner à cet effet le lieutenant dans son canot, et de faire embarquer un de ses seconds dans le grand canot où se trouve placé le condamné ; et vous autoriserez ledit lieutenant à faire arrêter l'exécution de la sentence jusqu'à nouvel ordre, lorsque le chirurgien lui déclarera qu'il croit que le condamné ne peut pas subir, sans compromettre sa vie, une plus grande partie de sa peine, et à revenir à son bord avec ledit condamné.

Signed, etc.

Signé, etc.

(*) *Voir à la fin des notes la* NOTE IMPORTANTE.

NOTES

DE LA PREMIERE PARTIE.

---

(1) Tout ce qui va suivre *jusqu'à l'article premier* est pris dans M. De la Fons, et ne se trouve point dans M. M'arthur qui s'est contenté d'y substituer le paragraphe suivant :

« The following articles and orders were established from the 25 of december; and are directed to be observed and put into execution, as well in time of peace as in time of war. »

« Les articles et ordres ci-après ont eu force de loi à dater du 25 décembre : et il a été ordonné de s'y conformer ainsi que de les exécuter, aussi bien en temps de paix qu'en temps de guerre. »

De sorte que dans M. M'arthur il n'y a point de section première : comme par la suite on verra que cet auteur n'a point donné une 26ᵉ section, que cependant on trouve dans M. De la Fons.

(2) Voici ce qu'on lit dans M. De la Fons au sujet de ces expressions :

It has ever been understood, that the words « *in* or *belonging to the fleet*, » apply to the officers and soldiers embarked on board any of his Majesty's ships , not merely to such as compose part of the ship's complement, when serving on board in lieu of marines : but likewise to those who are embarked for passage , in order to be conveyed to their place of destination. Immediately on their being received and victualled on board the ship , till the hour of disembarkation they become subject to the naval laws and regulations : no regimental court martial, however great the rank , or extensive the number of officers on board, can be held for the punishment of offenders , whilst they continue embarked ; but the captain of the ship has sole right and authority (in cases of misdemeanour,) to punish agreeably to the custom of the navy , in the same manner as the ship's crew , or any sailor borne as a supernumerary for victuals only.

« Il a toujours été entendu que ces mots « à bord de la flotte ou bien « en faisant partie » s'appliquent non-seulement aux officiers et soldats embarqués à bord d'un bâtiment de S. M. pour en compléter l'équipage, en y remplaçant des soldats de marine ; mais aussi à ceux qui y sont embarqués comme passagers pour être conduits au lieu de leur destination. Dès l'instant qu'ils sont reçus à bord et qu'ils y sont nourris, ils deviennent soumis aux lois et réglements de la marine. Quelque élevé que soit le rang des officiers qui commandent ces troupes , ou bien quelque nombreuses qu'elles se trouvent à bord d'un bâtiment, aucune Cour martiale régimentale ne peut être réunie pour prononcer la punition de ceux qui se rendent coupables. Aussi long-temps qu'elles restent à bord , le capitaine du bâtiment a seul le droit et l'autorité (dans le cas de méfaits) de punir le délinquant comme s'il était un homme de l'équipage, ou bien un marin porté sur le rôle , en qualité de surnuméraire , pour avoir à bord seulement ses vivres. »

«The fifth section of the act of the 22 of George II for the regulation of his Majesty's vessels, and forces by sea, particularly enacts. ———
« That nothing contained in this act, shall
« extend, or be construed to extend , to im-
« power any Court martial, to be constituted
« by virtue of this act, to proceed to the punish-
« ment or trial of any land officer or soldier
« on board any transport ship, for any of the
« offences specified in the several articles, con-
« tained in this act. »

La cinquième section de la loi de 1749 pour la discipline des bâtiments de guerre et des forces navales de S. M., prescrit spécialement « que rien « dans cette loi ne s'étendra, ni ne sera inter-« prété s'étendre jusqu'à donner à une Cour « martiale qui serait tenue en vertu de ladite « loi , le pouvoir de procéder à la punition ni « au jugement d'aucuns officiers ou soldats de « l'armée de terre embarqués sur un bâtiment « de transport pour aucun des crimes ou délits « spécifiés dans les divers articles de cette loi. »

« This distinction strongly implies the power of temporary punishment, and bringing delin-quents to Court martial , whilst serving in , or embarked on board King's ships; as the excep-tion states « *transport ships*, » by which is

« Cette prescription renferme bien évidem-ment le pouvoir temporaire de punir et de tra-duire à une Cour martiale les délinquants pen-dant qu'ils servent ou qu'ils sont embarqués à bord des bâtiments du roi : puisque l'exception

7

understood men whilst embarked on board for a passage, either when the transport vessel may, or may not be under the convoy or charge of ships of war. »

se sert de ces mots « *bâtiments de transport* » ce qui doit signifier les hommes tant qu'ils sont embarqués pour leur passage, soit que ce bâtiment se trouve, soit qu'il ne se trouve pas sous l'escorte, ou sous le commandement d'aucun bâtiment de guerre. »

Cette interprétation que, dans l'ouvrage de M. De la Fons, on trouve donnée dans les termes qui précèdent, aux mots « *in* or *belonging to the fleet*, » (*à bord de la flotte*, ou bien *en faisant partie*) relativement aux troupes de terre embarquées sur les bâtiments de guerre anglais, est également donnée par M. M'arthur, qui la renforce en ces termes.

« Additionnal energy is now given to the « government and discipline of the navy, by « the following article relating to troops on « service in ships of war (*military articles* 1804 « *section* 23).

« Une nouvelle force est aujourd'hui donnée « à la loi relative à la discipline de l'armée na-« vale par l'article suivant introduit récemment « (1804) dans le Code pénal de l'armée de terre, « relativement aux troupes de cette arme en « service sur les bâtiments de guerre.

« Whenever any of our forces shall be embarked on board our ships of war, or another ships, wich may have been regular commissioned by us, and wich may be employed in the transportation of our troops; our will and pleasure is, that the officers and soldiers of such forces, from the time of embarkation on board any ship as above described, shall strictly conform themselves to the laws and regulations established for the government and discipline of the said ship, and shall consider themselves, for these necessary purposes, as under the command of the senior officer of the particular ship, as well as of the superior officer of the fleet (if any) to wich such ship belongs. »

« Toutes les fois que quelques-unes de nos troupes seront embarquées à bord de nos bâtiments de guerre, ou à bord de tous autres bâtiments régulièrement commissionnés par nous, qui pourraient être employés au transport de nos troupes ; nous voulons, et il nous plaît que les officiers et les soldats de ces troupes, du moment qu'ils seront embarqués à bord de ces bâtiments, se conforment strictement aux lois et aux réglements existants pour la discipline desdits bâtiments ; et se considèrent sous ce rapport nécessaire, comme s'ils étaient sous le commandement du premier officier de ce bâtiment, ainsi que sous celui du premier officier de la flotte (s'il y a lieu) dont ledit bâtiment ferait partie. »

M. M'arthur, en publiant cet article ajouté au Code pénal de l'armée de terre dans l'année 1804, fait connaître les motifs qui l'ont provoqué ; et il entre dans un très grand détail sur les difficultés qui se sont souvent élevées entre les officiers de l'armée de mer et les officiers de l'armée de terre, lorsque ceux-ci se trouvaient embarqués sur des bâtiments de guerre.

(3) Bien certainement cet article aurait dû être divisé *en plusieurs articles très distincts* les uns des autres.

(4) Cet article et celui qui va suivre ont été modifiés par une loi passée en 1779, laquelle, après l'obligation jusqu'alors imposée dans ces deux articles de prononcer la peine de mort, y ajoute la faculté de substituer à cette peine capitale, toute autre peine que la Cour martiale jugerait convenable de prononcer suivant la nature et la gravité du crime. (Voir à la page 41 cette loi)

(5) Voir ci-devant la note 3 relative à l'article dix, et qui, encore plus sensiblement, s'applique à celui-ci.

(6) Ne peut-on pas être surpris de trouver *dans un seul et même article d'une loi* un aussi grand nombre de cas prévus, et cependant aussi différents les uns des autres ?

(7) Voir à la page 34 la vingt-quatrième section de la présente loi : laquelle section, *en sus de la peine qui doit être prononcée par une Cour martiale conformément à cet article* 18, en ajoute UNE AUTRE PÉCUNIAIRE qui doit l'être par un des tribunaux civils de l'Angleterre ou par les Cours judiciaires de l'amirauté, au choix du dénonciateur de cette infraction à la loi.

(8) Le grand nombre de ceux des jugements qui seront publiés par la suite, dans lesquels ces mots » *contempt to* » sont employés pour exprimer les accusations sur lesquelles ces jugements avaient à prononcer, font voir que dans la traduction qui en est faite ici, il a fallu absolument se servir des deux expressions *malhonnéteté* ou *insolence*, quelque différence qu'il puisse y avoir dans ces deux délits, tels qu'on les admet en France. Encore ces deux expressions ne satisfont-elles pas à tous les cas pour lesquels dans la marine d'Angleterre on fait usage de ces mots anglais ; et c'est ce qui m'a déterminé à leur donner une traduction plus étendue dans l'avertissement qui sera en tête desdits jugements.

(9) Il en est du mot « *embezzlement* » comme de ceux « *contempt to.* » Dans les jugements qu'on se propose de publier par la suite, le mot *embezzlement* est souvent la base de l'accusation ; et cependant elle y est punie de tant de manières différentes, qu'il ne paraît pas possible de ne lui donner en français qu'une seule interprétation, ainsi que l'observation en sera encore plus spécialement faite dans l'Avertissement qui précédera ces jugements.

(10) Pour la traduction qui est faite ici de ce mot, on ne peut que renvoyer aux ouvrages de MM. De la Fons et M'arthur. On y trouve des dissertations très étendues, en même temps que très judicieuses sur ce qui devant les Cours martiales peut ou doit être déclaré « assassinat, meurtre, homicide, etc. »

(11) Comme dans les jugements qu'on présentera par la suite, on en trouvera un assez grand nombre qui ont été prononcés contre des individus *accusés de ce crime* ; et comme presque tous ces jugements diffèrent entre eux relativement aux peines qui s'y trouvent prononcées, on ne peut ici que renvoyer au Traité sur les Cours martiales navales, par M. M'arthur, qui y fait connaître que la principale cause de cette différence de peines relativement à un crime qui semblerait nous en admettre, provient PROBABLEMENT de ce qu'en Angleterre les juges eux-mêmes jusqu'à présent ne sont point tombés d'accord SUR CE QUI CONSTITUE EFFECTIVEMENT LE CRIME DE SODOMIE.

On trouve dans cet ouvrage de M. M'arthur une dissertation sur ce qui s'est passé plus d'une fois dans divers tribunaux anglais, véritablement curieuse à l'égard de ce désaccord entre les premiers organes de la loi en Angleterre relativement à ce crime.

(12) Dans son Traité sur les Cours martiales, M. M'arthur se plaint de ce que la loi ne se sert ici que du seul mot « *robbery* » (qui en français signifie vol) sans y faire mention du mot « THEFT » qui a la même signification dans la langue française : et M. M'arthur fonde ses plaintes sur ce que d'après les lois anglaises ce sont deux espèces de vol très différentes, et surtout parce que dans les tribunaux non militaires, elles entraînent une peine qui est encore bien plus différente.

Cependant comme dans cet article 30 du Code pénal dont il s'agit ici, la peine est laissée à la discrétion des membres de la Cour martiale *qui doivent la prononcer d'après les circonstances*, il me semble que cette plainte de M. M'arthur n'est pas très fondée ; et elle me paraît encore bien moins l'être, si on fait attention à la sévérité qu'on découvre que les Cours martiales navales apportent dans la répression des vols faits à bord des bâtiments de guerre *au préjudice des gens de l'équipage*, ainsi que j'en ferai la remarque dans la note qui sera relative à cette dernière espèce de vol.

(13) On a omis d'indiquer cette note dont l'indication devait être faite vers le bas de la page 20 dans l'article 84ᵉ où elle est relative aux expressions «*étant en service effectif* » « *et en solde entière.*»

Dans MM. de la Fons et M'arthur on trouve relativement à ces expressions qui sont très souvent répétées dans le Code pénal de la marine anglaise des détails très étendus, ainsi que des dissertations très développées qui ne pourraient pas manquer de rendre intéressante la publication que je désirerais pouvoir faire de la traduction de ces deux ouvrages, ou au moins de l'un d'eux, si le ministère de la marine se déterminait à m'en faciliter les moyens, qui bien certainement seraient pour lui une dépense beaucoup moins forte que ne le sont selon moi un grand nombre d'autres dépenses.

(14) Voir à la page 53 la note relative à ces expressions.

FIN DES NOTES DE LA PREMIÈRE PARTIE.

NOTES

DE LA SECONDE PARTIE.

------

(1) Tout ce qui va suivre sous le titre *de Sections*, est donné dans l'ouvrage de M. De la Fons *immédiatement* après l'article 36 du Code proprement dit *pénal* (*articles of war*) dont les 36 articles forment la seconde section : tandis que M. M'arthur, qui, ainsi qu'on l'a fait observer dans la note (1) page 49 ne donne ces 36 articles du Code pénal que comme une première section, et n'en donne point de seconde, intitule bien aussi ce qui va suivre *de troisième et ultérieures sections*, mais en paraissant les détacher du Code proprement dit pénal, et en leur donnant l'intitulé qu'on présente ici.

(2) Dans le cours de son ouvrage, M. M'arthur fait connaître qu'avant que cette loi ne fût passée, il était assez d'usage dans la marine anglaise que les Cours martiales condamnassent à un emprisonnement de dix ou quinze ans, *et quelquefois même pour la vie!!* Il en cite un exemple dans la condamnation au mois de mai 1744 du *master* du vaisseau le Northumberland ; lequel master avait été condamné à cette peine, parce qu'au moment où le capitaine de ce vaisseau fut blessé mortellement, il avait fait amener le pavillon, sans avoir attendu qu'aucun des lieutenants fût monté sur le pont pour prendre le commandement.

Il est à remarquer qu'une grande partie des sections, telles qu'elles sont données dans l'ouvrage de M. de la Fons, commencent par ces mots : « *Provided always that.* » — «*Provided also that.* » — *Provided neverthless that* » (« Bien entendu toujours que. » — « Bien entendu aussi que. » — « Bien entendu néanmoins que. ») Ou bien par ceux-ci : « *It is hereby further enacted.* » — *Be it further enacted.* » (« Il est de plus ordonné. » — « Qu'il soit de plus ordonné »). Tandis que dans l'ouvrage de M. M'arthur, tous ces mots préalables sont supprimés ; et il en est de même de ceux-ci : « *From and after the twentyfifth of december one thouzand seven hundred and forty nine* » (« A dater du 25 décembre 1749 inclusivement »); qui, ainsi qu'on le verra, sont très souvent placés au commencement ou dans le cours des sections telles qu'elles sont données par M. De la Fons; tandis que M. M'arthur a toujours supprimés dans les siennes.

(4) Dans M. M'arthur on trouve supprimés les mots : « *Contained in this act* » (« Contenus dans la présente loi »). Et il en est de même de ce membre entier de la phrase : « *Or of any offences whatsoever.* » (« Ou de tous autres crimes ou délits quelconques »).

Cette remarque est faite pour constater ce qui a été dit à ce sujet dans la 2e note de l'introtroduction ; page 3.

(5) Voir ci-devant la note 13 de la première partie du code Pénal, page 51.

(6) Dans l'ouvrage de M. De la Fons, cette analyse est plus exactement donnée en ces termes :

« No land officer or soldier on board any transport ship to be tried for any of the said offences by a naval Court martial ».	« Aucun officier ni soldat de l'armée de terre embarqué sur un bâtiment de transport ne sera jugé par une Cour martiale pour aucune desdites offenses ».

Dans les ouvrages de messieurs De la Fons et M'arthur, ainsi qu'on peut déjà s'en faire une idée par la note 2, ci devant page 49, on trouve de très grands détails sur les fréquentes difficultés qui se sont élevées entre les chefs de l'armée navale, et ceux de l'armée de terre, à l'égard du commandement que les premiers ont constamment prétendu avoir, *et ont toujours effectivement eu* sur les derniers. On trouve à ce même sujet des procès on ne peut pas plus remarquables, et tels qu'ils ont fini par provoquer l'ordonnance spéciale que dans la note 2, page 49 ci-devant, on trouve avoir été rendue en 1864, et d'après laquelle, *même a bord des bâtiments de transport*, POURVU QU'ILS SOIENT ARMÉS AU COMPTE DE L'AMIRAUTÉ ET COMMANDÉS PAR DES OFFICIERS

DE LA MARINE ROYALE, les officiers et les soldats de l'armée de terre qui s'y trouvent embarqués COMME PASSAGERS y sont soumis aux règlements observés dans l'armée navale, ainsi qu'à la discipline qui y est établie.

Il n'y a qu'à bord des bâtiments de transport qui sont dans le cas d'être fournis par le commerce, que les militaires de l'armée de terre, lorsqu'ils y sont embarqués, restent soumis à la discipline particulière de leur corps, et c'est probablement pour cette raison que depuis un certain nombre d'années l'amirauté anglaise a fait installer, *et entretient installés* pour ce genre de service, un certain nombre de bâtiments de la marine militaire sous la désignation de « *Troop's ships* » (bâtiments de transport pour les troupes).

(7) Dans M. M'arthur tout ce commencement est supprimé.

NOTA. La 8e note a été supprimée

(9) A l'égard de ces expressions « *in foreign parts* » qu'on traduit ici par ces mots « *hors du royaume* », voici ce qu'on lit dans M. M'arthur, vol. 1, f° 280.

« By *foreign parts*, mentioned in the 7th and 9th sections of the act 22d Georges II cap. 33, or in any other section, is to be clearly understood, his Majesty's dominions beyond the seas, including colonies or plantations, as well as the ports of foreign princes or states : and it would be evidently a false construction and perversion of the meaning of the 9th section, to suppose that it would be lawful for the senior officer of any five or more ships or wessels of war, happening to meet together *in foreign parts*, to hold Courts martial and preside thereat *in the ports of foreign princes or states only*, when a more extensive latitude is obviously given by the words of the legislature, and which comprise also his Majesty's foreign possessions in every part of the world.

Where not this the literal construction to be put on the words, *in foreign ports*, the service would occasionally suffer the greatest inconvenience. Should five or more of his Majesty's ships and vessels happen to meet together at our settlements on the coast of Africa, or at our possessions, colonies, or plantations in the east or west Indies, where there might be no commander in chief, yet surely the senior officer of the said ships or vessels, is impowered, by virtue of the said section, to hold Courts martial and preside thereat in the same manner as if they happened to meet together in ports belonging to foreign princes or states. »

« Par ces mots » (qui littéralement traduits en français signifieraient « *pays étrangers*) dont il est fait usage aux 7e et 9e sections de la loi de 1749, aussi bien que dans quelque autre section, il est évidemment entendu que non seulement il s'agit des pays soumis à la domination de S. M. au-delà des mers ou y comprenant les colonies, ainsi que les établissements coloniaux; mais encore des ports soumis à la domination des princes étrangers; et ce serait incontestablement donner une interprétation fausse et même absolument contraire au véritable sens de la 9e section de supposer *qu'il n'y aurait que dans les ports soumis à la domination des princes ou des états étrangers* que la loi autoriserait à assembler des Cours martiales et à les présider, l'officier le plus ancien de ceux qui commanderaient des bâtiments de guerre que le hasard ferait se trouver réunis au nombre de cinq ou plus *hors du royaume*. Lorsqu'il est évident que le texte de la loi donne à ces mots une bien plus grande extension, et comprend aussi les possessions de S. M. dans toutes les parties du monde.

Si telle n'était pas l'interprétation qui doit être véritablement donnée aux mots « *hors du royaume* », le service serait dans le cas d'éprouver quelquefois les plus graves inconvénients s'il arrivait par hasard que cinq vaisseaux ou autres bâtiments de guerre de S. M., ou un plus grand nombre se trouvassent réunis dans quelqu'un de nos établissements sur la côte d'Afrique, ou dans nos possessions, colonies, ou plantations, soit dans les Indes Orientales, soit dans les Indes Occidentales, où il ne se trouverait pas de commandant en chef, il est bien certain que le plus ancien capitaine de ces vaisseaux ou autres bâtiments de guerre aurait le pouvoir, en vertu de ladite section, de convoquer des Cours martiales, et de les présider, comme si la réunion de ces bâtiments avait lieu dans un des ports appartenant à des princes ou des états étrangers. »

(10) Cette partie de la loi de 1749 a été modifiée en 1779 par une loi qui se trouve ci-après à la suite de la 26e et dernière section. Cette modification fut provoquée par le procès de l'amiral Keppel qui dura *trente-six jours*, pendant toute la durée desquels tous les membres qui composaient la Cour martiale et qui étaient au nombre de treize, dont un amiral, deux vice-amiraux, deux contre-amiraux et huit capitaines de vaisseau, furent obligés de rester à bord du vaisseau sur lequel cette Cour martiale s'était assemblée : et ce qu'il y a de plus remarquable dans cette partie de la loi de 1749 qui a été révoquée, et que M. M'arthur fait aussi remarquer, *c'est qu'elle n'obligeait pas le juge jurisconsulte à la même sujétion.*

(11) Lorsque dans un Code pénal qui doit être, et qui est effectivement ḷṇ tous les 8 jours à des matelots, on trouve des articles redigés comme j'en ai déjà fait remarquer plusieurs, et particulièrement comme celui-ci, qui aura ses pareils dans les 24ᵉ et 25ᵉ sections, on conviendra sans doute que si, COMME C'EST FORTEMENT MOM OPINION, il y a dans le cours de ce Code de très bonnes choses à prendre, ce n'est cependant pas la clarté et la simplicité de sa rédaction !

(12) Cette note est supprimée attendu qu'elle nécessitait un trop grand développement.

(13) Dans l'ouvrage de M. M'arthur on trouve un chapitre intitulé « Des fonctions du juge jurisconsulte auprès des Cours martiales navales et militaires en Angleterre. »
Puisque dans les annales maritimes on a publié, EXTRAIT DE CET OUVRAGE DE M. M'ARTHUR, le Code pénal de la marine Britannique, « COMME POUVANT FOURNIR DES EXEMPLES ET DES RAPPROCHEMENTS UTILES POUR CELUI QU'ON PRÉPARE EN FRANCE » (et j'ajouterai dont la marine française a un besoin si urgent); pourquoi n'y a-t-on pas pris aussi ce chapitre dont le premier paragraphe ne permet pas de douter de son utilité en cette circonstance, puisqu'on y lit :

« The duties of a *naval* judge advocate are defined in so general a manner, in the act of parliament and printed instructions, that on different occasions it has been expedient to have the opinions of counsel. The judge advocate may be said to be the *primum mobile* of a Court martial, as not only impelling it to action, but as being the person on whom, in a great mesure, depends that harmony of motion so necessary to constitute a regular Court. Impowered by the printed instructions to advise the Court of the proper forms; when there shall be occasion, and to deliver his opinion in any doubts or difficulties which may rise in the course of the trial, the legislature, no doubt, intended that he or his deputy should be a person not only sufficiently versed in the legal forms of proceedings, but, that he should likewise possess a competent knowledge of the other Courts of judicature in the kingdom; more particularly of the form of trials in criminal cases, by which Court martial ought to be in a great mesure regulated, on those points where the acts of parliament and printed instructions are silent. »

« Les fonctions de juge jurisconsulte dans la marine sont déterminées d'une manière si vague dans l'acte du parlement, aussi bien que dans les ordonnances, que différentes fois on a été obligé de recourir à cet égard à l'opinion de la magistrature. Le juge jurisconsulte peut être appelé le *premier moteur* d'une Cour martiale, non-seulement parce qu'il la met en action, mais encore parce qu'il est la personne de qui dépend en grande partie cette harmonie qui est si nécessaire dans la composition d'une Cour martiale. Investi par les ordonnances (art. 13 du chapitre des Cours martiales) du pouvoir d'indiquer à la Cour, lorsque l'occasion s'en présente, les formalités qu'il faut observer, et de donner son opinion sur tous les cas douteux ou difficultueux qui peuvent se présenter dans le cours du procès, on ne peut pas douter que la législature n'ait eu l'intention, non-seulement qu'il fût (ou son remplaçant) une personne suffisamment familiarisée avec les formalités légales des procédures; mais encore qu'il possédât aussi une connaissance suffisante de celles de ces formalités qui sont observées dans les autres Cours de justice établies en Angleterre, et plus particulièrement encore de celles auxquelles on se conforme dans les procès criminels, et qui doivent en grande partie guider les Cours martiales sur les points à l'égard desquels les actes du parlement ainsi que les ordonnances gardent le silence.

Bien certainement lorsqu'on découvre que dans les Cours martiales de la marine anglaise le juge jurisconsulte remplit de semblables fonctions, il paraît incontestable qu'elles devraient être spécialement et expressément déterminées dans le Code pénal auquel ces Cours ont à se conformer : et cependant elles ne s'y trouvent point !!

(15) Voir ci-devant page 14 la note, qui bien certainement trouve encore ici beaucoup plus son application.

(15) Encore une fois, ne serait-il pas permis de faire remarquer la ridicule rédaction d'un semblable article inséré dans un Code pénal destiné à une armée navale ? et n'y trouve-t-on pas, pour moi traducteur, la nécessité de présenter, comm je le fais dans cette publication, le texte en regard de sa traduction ?

(16) Cette vingt-sixième section ne se trouve point dans l'ouvrage de M. M'arthur qui paraît

ne pas avoir jugé à propos de la donner, vraisemblablement parce qu'elle n'avait rapport qu'à des crimes ou des délits qui pouvaient avoir été commis antérieurement au 25 décembre 1749, époque de la mise en activité du Code pénal qui vient d'être présenté.

Toutefois j'ai cru d'autant moins pouvoir me dispenser de la donner qu'elle fait encore partie du Code pénal tel qu'il est lu aux équipages de la marine anglaise, et qu'il est affiché à bord de ses bâtiments !!!.

(17) Les dernières lignes soulignées indiquent la modification qui a été apportée dans les deux articles du Code pénal ici cités.

FIN DES NOTES DE LA SECONDE PARTIE.

NOTE IMPORTANTE.

On a traduit ici par les mots français « COUPS DE FOUET les mots anglais « *lashes with a cat-o-nine tails*, qui, littéralement traduits, signifieraient ce qu'ils sont effectivement « SANGLÉ AVEC UN FOUET A NEUF BRANCHES ».

Or, on peut juger ce que c'est que cette punition telle qu'elle est infligée dans la marine anglaise, lorsqu'on trouve dans les jugements qu'on présentera plus tard, non-seulement qu'elle est prononcée *pour trois, quatre et cinq cents coups!* QUELQUEFOIS MÊME SEPT CENTS!! et on en trouve un exemple DE MILLE!!! mais encore qu'à l'égard de cette punition, M. le baron Ch. Dupin, dans son ouvrage sur les forces navales de l'Angleterre, s'exprime en ces termes qui ne sont aucunement exagérés.

« Douze coups de fouet, dit M. Dupin, assénés sur un dos nu, suivant le mode « actuel de discipline par un quartier-maître, équivalent au moins à cinquante « coups appliqués par un tambour avec un fouet militaire. Cela ne vient pas tant « encore de la dextérité de l'exécuteur maritime que de la plus grande *épaisseur*, « DURETÉ et SÉVÉRITÉ de l'instrument du supplice employé pour les marins. »

« Les fouets à neuf queues, continue de dire M. Dupin, employés dans l'armée de « mer, sont d'un tel poids et d'une telle contexture, que la force employée pour « asséner un seul coup avec un de ces fouets, est égale à celle de quatre fouets « employés dans l'armée de terre. »

C'est ainsi que M. le baron Dupin s'exprime à l'égard des coups de fouet donnés dans la marine anglaise :

MAIS CE QUE CETTE PUNITION SI BARBARE ET SI SOUVENT PRONONCÉE DANS CETTE MARINE, A DE BIEN PLUS REMARQUABLE, C'EST QU'IL N'Y A PAS UN SEUL ARTICLE DE SON CODE PÉNAL QUI EN FASSE SEULEMENT MENTION!!!

BASES PRINCIPALES

D'UN PROJET DE CODE PÉNAL

POUR LA MARINE MILITAIRE DE LA FRANCE

Vers la fin de ma lettre aux honorables membres qui composent le Corps législatif, j'annonce que j'ai préparé depuis quelque temps un projet de Code pénal destiné à la marine française, mais que mon intention n'est pas de le rendre public avant que le ministère de la marine n'ait fait adopter par la législature celui dont on ne peut méconnaître que cette marine éprouve la plus urgente nécessité.

Toutefois, en attendant que ce moment soit arrivé, je puis, dès aujourd'hui, faire connaître que mon projet est établi :

D'abord sur les trois premiers éléments, que dans l'introduction page 2, j'ai prétendu devoir être la base fondamentale de tout Code pénal destiné à une armée quelconque ; et ensuite sur les principes qui me semblent être *spécialement*, EXPRESSÉMENT et OBLIGATOIREMENT constitutifs de celui qui peut être destiné à la marine française ; lesquels principes sont :

Premièrement. Que le marin français peut et doit être conduit plutôt par l'honneur, les sentiments, l'amour-propre, *et au besoin l'intérêt*, que par des châtiments rigoureux et poussés jusqu'à la barbarie, ainsi que cela a lieu dans un grand nombre de marines étrangères, et particulièrement dans celle d'Angleterre :

Secondement. Que les violations de la discipline qui sont dans le cas d'avoir lieu dans la marine française doivent être divisées en trois catégories :

1° *Les fautes ;* 2° LES DÉLITS ; 3° LES CRIMES.

D'où il suit d'abord qu'il doit y avoir trois espèces de peines :

Celles appliquées aux fautes, qui seraient appelées *peines en matière disciplinaire ;*

Celles appliquées aux délits, qui seraient dites PEINES EN MATIÈRE CORRECTIONNELLE ;

Celles appliquées aux crimes, qui seraient qualifiées PEINES EN MATIÈRE CRIMINELLE.

Et ensuite, qu'il doit y avoir trois autorités ou tribunaux appelés à prononcer ces trois espèces de peines.

Troisièmement. Qu'il est de toute impossibilité qu'une loi, quelque étudiée qu'elle puisse être, quelque attention qu'on soit dans le cas d'apporter à sa rédaction, et enfin quelque désir que le législateur puisse avoir d'en écarter l'arbitraire ; il est, dis-je, impossible qu'une loi puisse prévoir toutes les circonstances qui peuvent rendre une faute, un délit ou un crime commis dans une armée navale, plus ou moins graves, et susceptibles de mériter telle peine plutôt que telle autre ; et par conséquent que cette appréciation des circonstances atténuantes ou aggravantes, ainsi que la détermination de telle peine plutôt que de telle autre doivent être laissées, jusqu'à un certain point, à la discrétion (que dans

8

cette circonstance il faut bien distinguer *de l'arbitraire*) de l'autorité ou du tribunal qui peut être appelé à juger le prévenu.

Quatrièmement. Que ce doit être le Capitaine du bâtiment à bord duquel la faute, ou le délit, ou le crime a été commis, qui doit en être le premier juge, non seulement en raison de ce qu'il est le premier et le plus intéressé au maintien de la discipline à son bord ; mais surtout parce qu'il y est la personne qui puisse et qui doive être la mieux instruite, et le plus équitable appréciateur des circonstances qui sont dans le cas d'atténuer ou bien d'aggraver la faute, le délit ou le crime.

Cinquièmement. Que s'il est certain que la sévérité est nécessaire au maintien de la discipline, il ne l'est pas moins que la sévérité, lorsqu'elle est portée *jusqu'à la dureté*, doit lui être encore plus contraire *parmi les marins français.*

Sixièmement enfin. Que la nomination des membres qui doivent composer les tribunaux appelés à juger les délits ou les crimes commis dans l'armée navale, ne doit point être laissée à l'arbitraire ni à la discrétion d'aucune autorité quelconque ; mais que cette nomination doit être prescrite par la loi, à l'avance, et d'une manière qui écarte cet arbitraire, en même temps qu'elle peut être une garantie de l'expérience et de l'équité des juges.

Or, ç'a été en m'attachant strictement aux trois éléments qui doivent être la base fondamentale de tout Code pénal destiné à une armée quelconque, et en réunissant, autant que je l'ai cru possible, les principes précédents qui me semblent être obligatoirement constitutifs de ce Code destiné à la marine française, que j'en ai rédigé mon projet dans lequel en conséquence

Les violations de la discipline dans l'armée navale seraient divisées en *fautes*, DÉLITS et CRIMES.

Les peines seraient également divisées en trois classes principales qui seraient : les peines *en matière disciplinaire* ; les peines EN MATIÈRE CORRECTIONNELLE, et les peines EN MATIÈRE CRIMINELLE ; chacune de ces classes étant ensuite subdivisée en deux.

Pour les *fautes*, les peines de simple police, et les peines de discipline ;

Pour les *délits*, les peines correctionnelles et les peines afflictives ;

Pour les *crimes*, les peines non infamantes, et les peines infamantes.

Toutes ces peines seraient prononcées par qui de droit comme suit :

Les peines de simple police, par l'officier de service sous les ordres immédiats duquel la faute serait commise.

Les peines de discipline par le capitaine du bâtiment ;

Les peines correctionnelles par un conseil de justice ;

Les peines afflictives par un conseil de guerre ;

Les peines en matière criminelle par une Cour martiale.

Toutes les fois qu'un prévenu serait traduit à un tribunal quelconque, ce tribunal serait toujours autorisé à user de sa discrétion pour prononcer celle de toutes ces peines qu'il jugerait convenable en raison des circonstances dont il aurait connaissance, pourvu que la peine qu'il prononcerait ne fût pas plus forte que la plus grave de celles qu'il aurait l'autorisation de prononcer.

Le capitaine du bâtiment, à bord duquel une violation quelconque de la discipline aurait lieu, serait autorisé à ne lui infliger qu'une des peines de police ou de discipline, s'il jugeait qu'une d'elles fût suffisante dans la circonstance; mais s'il croyait qu'une des peines dont le prononcé est réservé au conseil de justice fût nécessaire, comme il n'aurait point le droit de la prononcer lui-même, le prévenu serait traduit *par son ordre* à ce conseil.

S'il jugeait que la peine méritée dût être une de celles dont le prononcé est réservé au conseil de guerre, il en rendrait alors compte au commandant de l'escadre ou du port sous les ordres duquel il se trouverait placé; et si celui de ces commandants auquel ce compte serait rendu le jugeait nécessaire, il donnerait l'ordre au capitaine de faire traduire le prévenu à ce conseil.

Si le capitaine croyait que le crime dût être jugé par une Cour martiale, il en rendrait de même compte à celui de ces deux commandants dont il dépendrait et qui serait tenu de transmettre ce compte au ministre de la marine, si le bâtiment se trouvait en France, ou au gouverneur de la colonie, si le bâtiment se trouvait dans une colonie; et le ministre ou le gouverneur déciderait s'il y a lieu au renvoi devant une Cour martiale dont il ordonnerait alors la tenue.

Le conseil de justice serait tenu à bord du bâtiment même où le délit ou bien le crime aurait été commis, et il serait composé de *cinq* membres qui seraient.

Le premier officier du bâtiment après le capitaine et qui présiderait le conseil;

Deux officiers militaires qui seraient toujours *les deux plus âgés* de ceux embarqués, sans avoir égard ni au grade, ni au rang, ni même à l'arme.

Deux premiers maîtres du bâtiment appelés également par l'ancienneté d'âge, parmi tous ceux de cette classe qui se trouveraient à bord.

Le conseil de guerre serait tenu à bord du bâtiment sur lequel le commandant de l'escadre aurait son pavillon, si ce bâtiment faisait partie d'une escadre; ou bien à bord du vaisseau amiral du port si ce bâtiment était sous les ordres de ce commandant, et si le prévenu n'était pas officier, il serait composé de SEPT membres qui seraient :

1° Le capitaine de vaisseau le plus âgé de tous ceux qui feraient partie de l'escadre ou bien se trouveraient en activité de service dans le port, suivant le cas, en en exceptant, s'il y avait lieu, le capitaine de vaisseau qui serait major de l'escadre ou bien chef du service militaire dans le port.

2° Les trois capitaines de frégate les plus âgés de tous ceux qui feraient partie de l'escadre, ou bien qui seraient en activité de service dans le port.

3° Les trois lieutenants de vaisseau dans les mêmes positions également les plus âgés.

Si le conseil de guerre était assemblé pour juger un officier jusqu'au grade de capitaine de frégate exclusivement, il serait alors composé :

D'un officier contre-amiral président, appelé conformément à ce

qui vient d'être prescrit pour le capitaine de vaisseau président,

De trois capitaines de vaisseau appelés conformément à ce qui vient d'être prescrit pour les capitaines de frégate,

Et de trois capitaines de frégate appelés de la même manière.

Quant à la Cour martiale, elle ne pourrait être assemblée que sur un ordre exprès du ministre de la marine ou du gouverneur de la colonie, lesquels indiqueraient en même temps dans quel lieu elle devrait s'assembler; et elle serait composée de NEUF membres qui seraient

Un officier contre-amiral président;

Quatre capitaines de vaisseau appelés, ainsi qu'il est prescrit ci-dessus-*par l'ancienneté d'âge*;

Quatre capitaines de frégate appelés de la même manière;

Si la Cour martiale devait juger un capitaine de vaisseau, ou bien un capitaine de frégate, alors les quatre capitaines de frégate seraient remplacés par quatre capitaines de vaisseau appelés ainsi qu'il est prescrit pour les quatre premiers.

Si la Cour martiale avait à juger un contre-amiral, elle serait alors présidée par un des amiraux de France et composée

D'un vice-amiral, d'un contre-amiral et six capitaines de vaisseau; lesquels tous officiers seraient appelés par l'ancienneté d'âge dans leurs grades respectifs et sans avoir égard à leur rang sur la liste.

Si la Cour martiale avait à juger un vice-amiral, elle serait présidée par un des amiraux de France; mais elle serait en outre composée de deux vice-amiraux, deux contre-amiraux et quatre capitaines de vaisseaux; tous ces officiers appelés comme il vient d'être dit par l'ancienneté d'âge.

Aucun officier militaire jusqu'au grade de capitaine de frégate exclusivement, ne pourra être traduit devant aucun tribunal inférieur à celui d'un conseil de guerre, et il ne pourrait être mis en jugement que sur le rapport d'une commission d'enquête.

Aucun officier depuis le grade de capitaine de frégate inclusivement, ne pourra être traduit à un tribunal inférieur à une Cour martiale, et il ne pourrait être mis en jugement que sur le rapport d'une commission d'enquête.

La peine des fers sur le pont est supprimée, ainsi que celle de la cale: celle de la bouline est conservée, mais seulement pour les cas de vols.

Voilà, autant qu'il est possible d'en donner succinctement une première idée, comment est établi mon projet d'un Code pénal pour l'armée navale de France.

G.-LAIGNEL.

www.ingramcontent.com/pod-product-compliance
Lightning Source LLC
Chambersburg PA
CBHW071255200326
41521CB00009B/1784